AF460152

VENTE AUX ENCHÈRES PUBLIQUES

A PARIS

Hôtel des Commissaires-Priseurs, 9, Rue DROUOT, 9

SALLE N° 8, AU PREMIER ÉTAGE

Le Mercredi 4 Décembre 1912

A DEUX HEURES PRÉCISES

JETONS

Me André DESVOUGES
Commissaire-Priseur
Successeur de M. Maurice DELESTRE
26, rue de la Grange-Batelière

M. Clément PLATT
Expert
Quai MALAQUAIS, 21

PARIS

JETONS

VENTE AUX ENCHÈRES PUBLIQUES

A PARIS

Hôtel des Commissaires-Priseurs, 9, Rue DROUOT, 9

SALLE N° 8, AU PREMIER ÉTAGE

Le Mercredi 4 Décembre 1912

A DEUX HEURES PRÉCISES

JETONS

EXPOSITION PUBLIQUE UNE HEURE AVANT LA VENTE

Me André DESVOUGES
Commissaire-Priseur
Successeur de M. Maurice DELESTRE
26, Rue de la Grange-Batelière

M. Clément PLATT
Expert
21, Quai Malaquais

PARIS

Conditions de la Vente

La vente aura lieu au comptant ;

Les acquéreurs paieront dix pour cent en sus des enchères ;

Les pièces seront exposées une heure avant la vente ; les acquéreurs pourront ainsi juger de leur état. Aucune réclamation ne sera admise une fois l'adjudication prononcée ;

M. CLÉMENT PLATT exécutera les commissions que MM. les Amateurs voudront bien lui confier, aux conditions habituelles (5 o/o sur la limite) ;

L'expert peut suivre ou modifier l'ordre du catalogue, et réunir ou diviser les numéros.

La conservation des pièces a été indiquée sévèrement **B** = beau ; **TB** = très beau ; **FDC** = fleur de coin.

EXPOSITIONS

Particulière : Chez M. CLÉMENT PLATT, 21, Quai Malaquais, Paris ;

Publique : A l'HOTEL DROUOT, salle n° 8, une heure avant la vacation.

CATALOGUE DES JETONS

ROIS, REINES, PRINCES DU SANG

1 **Clémence de Hongrie.** IETES : BIEN : SEVREMENT. Ecu parti de France et de Hongrie dans un entourage de six lobes. ℟. IETES : BIEN : SEVREMENT. Croix fleurdelisée dans un quadrilobe. Cu. *Rare. TB.*

2 **Jeanne de France. Comtesse d'Evreux.** Ecu parti Evreux Navarre. ℟. Lis en une croix fleurdelisée. Cu *Rare.*

3 **Catherine de Médicis.** VINCULUM. AMICITIE. PRVDENTIA. 1557. Serpents enlacés. ℟. Serpents enlacés formant la lettre M. PRUDENTIE. PREMIUM. VICTORIA. Cu. b. *Rare.*

4 **Isabelle de Valois.** ISABELL. AD. VAL. PHI. HISP. REGIS. VX. son buste à g. ℟. PHS. D: G: HISP. REX. CATHOLICVS. buste de Philippe II à dr. 1570. Arg. *TB. Très rare* (Voir planche I).

5 **Charles IX.** CAROLUS. DEI. GRATIA. R. FR. Ecu de France couronné. ℟. HON. SOIT. QVI. MAL Y PENCE (*sic*). Lion sous une couronne. Plomb. *TB. Rare.* (Voir planche I)

6 **Louise de Lorraine** (femme de Henri III). LOISE. P. L. G. D.D. R. DE FRAN. ET POL. Ecu couronné, parti France et Lorraine. ℟. AMOR. ÆQVAT. AMANTES IETBCJ. Deux plumes en pal. Cu. *TB.*

7 **Louis XIII.** LVDOVICVS XIII... Ecu de France et de Navarre. ℟. NVNC TVTVM. DABIT. VNDA. TRIBVTVM. 1633. Main tenant une corne d'abondance. Arg. *TB.*

8 **Marie de Médicis.** Ecu de la Reine. ℟. MICAT VT LVNA. INTER. ASTRA. 1614. Lune entourée d'étoiles. Cu. *TB.*

9 **Monsieur Frère unique du Roi.** CHAMB. AVX DENIERS. D. M. FRERE VNIQ. DV ROY. Ecu de France couronné. ℟. TVO SINE LVMINE NVLLVS (1619). Cadran solaire. Arg. *TB.* (Voir planche I).

10 **Gaston de France.** FRERE VNICQVE DV ROY. Ses armes. ℞. MINOR. MAIORE SVPERSTES. 1639. Ciel étoilé. Arg. *TB.*

11 — Le même ONCLE VNIQVE DV ROY. Ses armes. ℞. TEQVE TVOSQVE SEQVEMVR. 1644. Vol d'aigle. Cu. *B.*

12 — Même avers. ℞. IN. VTRAMQVE. PARATVS. 1645. Deux couronnes. Arg. *TB.*

13 **Louis XIV.** Son buste à dr. ℞. ARGVIT. AVTHOREM. SPLENDOR. MDCLXXX. Cristal à facette. Arg. *TB.*

14 — Le Roi à cheval. ℞. LVDOVICVS MAGNVS REX. Le Roi debout. Ex.: ORBET PACANDO ITERVM. Cu. s. d. *B.*

15 **Anne d'Autriche.** Son buste. ℞. OMNIA TVTA VIDET. 1663. La mer. Arg. *B.*

16 — Louis XIV et Anne d'Autriche. Buste de l'un à l'avers, de l'autre au revers. Arg. s. d. *TB.* refrappe.

17 **Marie-Thérèse.** Buste à dr. ℞. GRATA. TERRIS. COELIS. CHARA. 1675. Encensoir. Arg. *TB. Rare.* (Voir planche I).

18 **Marie-Christine Dauphine.** Son buste à dr. ANNA. MARIA CHRIST. DELPHINA. ℞. VNO QVOT. PONA. SINV. Grenade sur une table. 1685. Arg. *TB. Rare.* (Voir planche I).

20 — Même avers. ℞. HAC PERTE... Plant de lis. s. d. ℞. NOVVM DECVS. Couronne et nuage. MDCLXXXI. Ens. 2 p. Cu.

21 **Marie Adélaïde.** Son buste. MARIA ADELAIS DVCISSA. BVRGOND. ℞. GRESCENT. GRESCETIS. AMORIS. Deux palmiers. 1698. La même. Buste à g. ℞. SPES. ALTERA. Vigne. 1710. Ens. 2 p. Cu. *B.*

22 **Louis XV.** Buste enfantin lauré à dr. ℞. PHILIP. DVX AVREL. FR. ET. NAV REGENS. Tête du Régent à dr. Arg. s. d. *TB.*

23 **Charles XII.** Son buste à dr. CAROLVS XII. D. G. REX SVEC ℞. DENATVS MDCCXVIII etc. Deux palmes. Arg. *TB.*

24 **Marie Leczinska.** Buste à g. par Duvivier. ℞. Louis XV. Buste à dr. Arg. s. d. *TB.*

25 — Même avers. ℞. VOCABITVR. HIC QVOQVE. VOTIS. Autel fumant. Ex.: MAISON DE LA REINE. 1729. Arg. *TB.*

26 — Même avers. ℞. SPES IAM CERTA FVTVRI. 1746. Deux palmiers. Arg. *TB.*

27 — Même avers. ℞. FŒCVNDO IMPLEBIT LVMINE TERRAS. Soleil et étoiles. 1732. Arg. *TB.*

28 **Marie-Josèphe** (Dauphine). Buste à g. ℞. NEC. VOTA. FEFELLIT. Amour arrosant un arbre. Ex.: Maison de Mme la Dauphine, 1752. Arg. *TB.*

29 **Marie-Antoinette.** Ecus mariés de France et d'Autriche. ℞. JETTON DE LA REINE. 1774. Guirlande de lis. Arg. octogone. *TB. Rare.* (Voir planche I).

30 **Monsieur** Frère du Roi. Son buste. ℞. MAISON. DE. MONSIEVR. Ses armes. Cu. s. d. *TB.* refrappé.

31 **Louis XVI.** Buste à dr. LOVIS. XVI. ROI. DE FR. IMMOLÉ. etc. ℞. PLEVRÉS. etc. La France pleurant. Ex.: Le XXI janvier MDCCXCIII. 2 variétés. Arg. *TB.*

32 — Quatre hommes dansant autour d'une pique surmontée d'une tête coupée. TREE OF. LIBERTY. ℞. HALF. PENNY Guillotine. Cu. s. d. *TB. Rare.*

33 **Marie-Antoinette.** Buste voilé à g. ℞. SECONDE VICTIME. etc. Génie tenant une hache et une torche. Ex.: Le XVI OCTOB. MDCCXCIII. Arg. *TB.* (Voir planche I).

34 **Madame Elisabeth** sœur du Roi, buste voilé à g. ℞. CES LOVPS etc... Faucon immolant une colombe. LE 10 MAI 1794. Arg. *TB.*

35 **Bonaparte.** BVONAPARTE GROS CONSVL. Bonaparte à cheval. ℞. LA VILLE DE PARIS. Vue de la Ville. Cu. argenté s. d. *TB.*

36 — NAPOLEON. Son tombeau à Sainte-Hélène, ombragé par 2 saules pleureurs dont les troncs dessinent l'Empereur. ℞. Légende anglaise. DIED. MAY 5 TH 1821. Cuivre. *TB. Rare.*

37 **Roi de Rome.** Nouveau né couché avec le grand cordon de la Légion d'honneur, montrant une croix de l'Ordre rayonnante. ℞. Aigle couronné. Cu. petit module. s. d. *TB. Rare.*

PERSONNAGES

38 **Louis d'Ailly** Duc de Chaulnes et Marie-Anne de Beaumanoir. Leurs écus mariés. ℞. Monogramme couronné sur un manteau ducal. Cu. *TB. Rare.* (Voir planche I)

39 — ETIENNE J. F. C. D'ALIGRE LOVISE C. A. C. PONTCARRE.

Vue d'un hospice. Ex.: EVRE ET LOIR. 1818. R). PROBIS. AMICIS PAVPERIBVS. Ecus ovales mariés sur un manteau. Ex.: VITAM IMPENDERE. Arg. oct. *FDC*. *Rare*. (Voir planche I).

40 — Variété cuivre octog., les écus carrés. *FDC*. (Voir planche I).

41 **D'Angervilliers.** JETTON DE MONSIEVR D'ANGERVILLIERS. MINISTRE ET SECRETAIRE D'ETAT. R). Ses armes. Arg. oct. s. d. *TB*. (Voir planche I).

42 **Auvellier.** CONSEILLER SECRETAIRE DV ROY. MAISON COVRONE DE FRANCE. Ecu à ses armes. R). DEVS SALVAM. CONDVCAT. Armes remplissant le champ. 1712. Cu. *TB*.

43 **Duchesse d'Aumont.** Ses armes. R). Amours et monogramme. Arg. oct. s. d. *TB*. refrappe.

44 **Bailly.** Buste à g. R). Lég. en 10 lig. Arg. *TB*. refrappe.

45 **Cardinal Barberini.** Son buste à dr. R). GRATIOR. VMBRA. Plant de lis. 1656. Cu.

46 **Alexandre de Beauharnais.** Son buste. R). Lég. Arg. *TB*. refrappe.

47 **Charles Cardinal de Bourbon.** Ses armes. R). Arbre. s. d. Cu. *B*.

48 **Caumont Duc de la Force** et Anne-Marie de Beuzelin. Ecus mariés. R). Monogramme. Cu. oct. s. d. *TB*.

49 **Duc de Chaune.** Jeton uniface à son nom. Cu. *B*.

50 **Concini,** Maréchal d'Ancre. G. CONCINI. M. DANCRE. P. G. DE L. CH. DV ROY. Ses armes. R). TVTA SORTE FIDELITAS. 1611. Ancre. Arg. *TB*. *Rare*. (Vori planche I).

51 **Henri de Bcurbon,** Prince de Condé. Ses armes. R). AVSPICE. CHRISTO NIL DESPERANDO. 1584. Personnage à genoux. Cu. *B*.

52 **Louis Duc de Bourbon.** Prince de Condé. Son buste à dr. R). Trophée. Ensemble 2 variétés Cu. s. d. *B*.

53 **Princesse de Conti.** Ses armes. R). JETTON DE MADAME LA PRINCESSE DE CONTI LA JEVNE. 1715. Cu *TB*. *Rare*. (Voir planche I).

54 **François, Duc d'Estouteville.** F. DVC. D'ESTOVTEVILLE CO DE St POL. Ecu écartelé dans le collier de St-Michel. R). NON EST. MORTALE. Licorne couchée dans un enclos. Cu. s. d. *TB*. *Très rare*. (Voir planche II).

55 **Cardinal de Fleury.** AND. HERCVLES CARDINALIS DE FLEVRY Son buste à dr. 1738. ℟. Ses armes. Cu. àreliefs dorés. *TB.*

56 **Jehan de la Forge.** COSEILLIER. DV ROY. Ses armes. ℟. E. RECEVEVR. GENL. DE PICARDIE. Croix cantonnée d'étoiles. Cu. *B. Très rare.*

57 **Cl. Galland.** S[r] DE BEAVSABLON. ET DAME C. CVYON S ESP. Leurs armes. ℟. Les deux époux. Ex. : FIDES. Cu. *Rare.*

58 **François Garrault.** SIEVR DES GORGES. Ses armes. ℟. O. QVEL REGRE 1578. David jouant de la harpe (pour T Amiens). Cu. *B. Très rare.*

59 **Charles de Gonzague.** Duc de Nivernais et de Rethel. Ses armes. ℟. SOLVS PROTEGI. SOLVS DEDIT. 1614. Mains tenant une épée sous le soleil. Cu. *B.*

60 **De Grandchamp.** DE GRANDCHAMP. HEVREVX. TRAVAIL. Ses armes. ℟. HEVREVX TRAVAIL. Monogramme. Cu. *B. Très rare.*

61 — G. (P. A. de)? Indéterminé TENDIT... Armes. ℟. SIC FVLGET. 1657. Croix fleurdelisée. Cu. *B.*

62 — H. D. DE GVISE. CONT. DEV. PAIR. DE FRAN. Ses armes. ℟. C. D. DE GVISE. CON. DEV. PAIR DE FRAN. Armes entourées d'une cordelière. Cu. *B.*

63 — J. JVNIVS. VELITVM. CIS. ALPES QVÆTOR. Ecu France Navarre. ℟. Mars devant le temple de Janus. 1626. Cu. argenté.

64 **Lafayette.** Buste à dr. 1789. ℟. Lég. Buste à g. ℟. Armes de Paris. 1789. Arg. oct., ens. 2 p. Arg. *TB.* refrappes

65 **Lafayette.** Buste à g. GARDE NAT. RETABLIE LE 28 J*t* 1830. ℟. HONNEVR. ET PATRIE. 10e L[ON] LEMERCIER CO[L] etc. Arg. *TB. Rare en ce métal.*

66 **Langlois.** P. ARMAND LANGLOYS CH[er] MAISTRE DHOSTEL DV ROY. Ses armes. ℟. SIC PROBAT. Aiges volant vers le soleil. 1681. Cu. *TB.*

67 **Linard.** Md Miroitier. Miroir. ℟. VENIANT MVLTI. Lions mordant un serpent dans un buisson. 1710. Cu. *TB.*

68 **De Loy ??** MONNOYE FAICT TOVT. Oie. ℟. SIC. FVLGET. INTER. LILTA. Croix formée de quatre fleurs de lis. 1657. Cu.

69 **Léonor d'Orléans.** DVC. D. LONGVEVILLE. Ses armes. ℟.

SVB. SOLE. SVB. VMBRA. VIRENS. Bélier dans un enclos Cu. B. Rare (Voir PL. II).

70 — Variété aux armes écartelées. Cu.

71 **Henri d'Orléans,** DVC. D. LONGEV. COM. SOWE. D. NEVF-CHAS[L] EN SVISSE. Ses armes. R/. M. D. BOVRBON. DV D. LONGEV. ET. TOVTE VICONTESS. D. S. PAVL. Ses armes. Cu. *B. Rare.*

72 **Albert de Luynes** et Marie de Montbazon. Leurs armes. R/. ÆQVITAS. VRBIS CONSERVATIO. La Justice assise. Cu. TB. Rare. (Voir PL. II).

73 **de Mailly.** Ses armes. R/. Légende. Arg. Oct. *TB.* refrappe.

74 **Monbourcher de,** marquis de Bordagne. Ses armes. R/. DVM. FERVET. OLLA. FERVET. AMICITIA. 1663. Marmite fumante. Cu. argenté. *TB. Rare.* (Voir planche I,I).

75 **Jean de Mouchy,** de Sénarpont. IN. MORTE. SECVRITATEM. QVESIVI. ET. NON. INVENI. Ecusson. R/. ALTENI. NON. DABO. GLORIAM. MEAM. Armes. Cu. inédit. *Très rare.*

76 **Richelieu.** ARMAND. JEAN. DVPLESSIS. Son buste à g. R/. CARDINAL DVC. DE. RICHELIEV. M. 1642 S. un cartouche. Ar. *TB.*

77 **La Rochefoucauld.** Ses armes. R/. EXCVBAT. ANTE. ARAS. Cassolette. Ex: CLERGÉ DE. ROVEN. Arg. Oct. sd. *TB.*

78 **Ch. de Rostaing.** E. ANNE. HVRAVLT. S. EP. 1612. Leurs bustes. R/. E. PH. HVRAVLT. C. F. TRI. DE. ROSTAING 1589. 2 personnages. Ens. 2 p. Cu.

79 **Robert de Sarrebruche,** COMTE. DE. BRAINE. Ses armes. R/. MARIE. D'AMBOISE. COMTESSE DE BRAINE. Ses armes. Cu. *B. Rare.*

80 **Louis de Roussi,** seigneur. DE. SISSONNE. Ses armes. R/. FORTIS. CVM. LEONE. MALLEI. 1654. Femme assise. Cu. *B.*

81 **Prince de Saint-Mauris.** Lég... 1780. R/. Ses armes. Cu. Oct. refrappe. *TB.*

82 **Comte de Sausles.** CONTES. DE. SAVSLES. Ses armes. R/. CE SONT. LES. GETOIR. Croix pattée. Cu. *TB. Très Rare.* (Voir planche II).

83 **Séguier Pierre,** CREDANT. A. FONTE. RELATVM. 1641. Ses armes. R/. ILLIBATIS. PASCIMVR. Champ semé de lis. Cu. *B.*

84 **Tourville.** JETTON. DE MONSIEVR. LE. MARECHAL. 1700. R/. Ses armes. Cu. *TB.*

85 **Marquis de Valbelle.** Ses armes. R/. La Fortune 1719 et 1723. Ens. 2 varétés Cu. *B.*

86 **Antoine Duc de Vendôme.** DVC DE. VENDOSMOYS. Ses armes. R/. CONTE DE. MARLE. S. PER. DE FRANCE. Loup. Cu. s. d. *TB.*

87 **César de Vendôme.** D. DE. VENDOSME. BEAVFORT. ET. DESTAMP. Ses armes. R/. FANAM. QVI. TERMINET. ASTRIS. 1601. Renommée debout. Arg. *TB. Rare.*

88 — Jeton à déterminer. Ecus mariés R/. Monogramme. Cu. s. d. *TB.*

ADMINISTRATIONS. — CHARGES

89 **Conseil du Roi.** IN. CONSILIO. JVSTORVM. 3 fleurs de lis. R/. MAGNA. OPERA. DOMINI. Salamandre. Cu. s. d. *B.*

90 — NIL. NISI. CONSILIO. Ecu de France. R/. NVNC. MAIORA. DOMAT. main frappant l'hydre. 1618 (mort de Concini). Arg. *TB.*

91 **Secrétaires du Roi.** Tête de Louis XV. R/. Abeilles volant vers le soleil. 1715 et 1731. Série intéressante de 10 variétés différentes. Arg. *TB.*

92 — Deux variétés à la tête de Louis XVI. 1776. Arg. *TB.*

93 **Ordinaire des Guerres.** Louis XIV, buste cuirassé R/. IVBET. REVIRESCERE. LAVROS. 1664. Soleil s. un champ. Arg. *TB.*

94 — Louis XIV. R/. MANET. INTEGRA. VIRTVS. 1707. Palmier. Arg. *TB.*

95 — AD. VTRVMQVE. PARATVS. Guerrier assis. Ex: Ordinaire des guerres. R/. REGI. ET REGIS AVLÆ. L'Abondance Ex: Chambre aux deniers. 1736 (mélange de Coins). Arg. *TB.*

96 — Louis XV. R/. DVRANDO. SÆCVLA. VINCIT. Laurier. 1743. Arg. *TB.*

97 — R/. PROPRIIS. CONFIDIT. IN. ARMIS. Pallas. 1744. Arg. *TB.*

98 — ℟. VITAM. PRO. REGE. PACISCI. Abeilles et Arbre. 1745. Arg. *TB*.

99 — ℟. IN CERTAMEN. VTRVMQVE. Castor et Pollux. 1753. Arg. *TB*.

100 — ℟. INC. FORTIS. IN HOSTEM. Aigle. 1756. Arg. *TB*.

101 — ℟. DISCITE. JVSTITIAM. Jupiter et les Titans. 1757. Arg. *TB*.

102 — ℟. IMPATIENS. PVGNÆ. Cheval. 1758. Arg. *TB*.

103 **Extra Ordinaire des Guerres.** Ecus. France Navarre. ℟. AVT. CEDERE. AVT. CAEDI. Main foudroyant un arbre. Sans date. Ar. *TB*.

104 — Louis XV. ℟. QVANTVS. IN. ARMIS. 1726. Eléphant de guerre. Arg. *TB*.

105 — ℟. OPPOSITAS. EVICIT. MOLES. Torrent. 1745. Arg. *TB*.

106 — ℟. AD. VTRVMQVE. PARATA. La Paix. 1761. Arg. *TB*.

107 — ℟. BELLA. MANV. PACEMQVE. GERO. Pallas. 1762. Arg. *TB*.

108 — ℟. NON. SOPOR. SED. QVIES. Hercule assis 1767. Arg. *TB*.

109 — ℟. INVIA NVLLA. VIA. EST. Lion dans son antre. 1770. Arg. *TB*. 2 variétés d'effigies.

110 — ℟. PATRIAS EXERCET. AD. ARTES. Vol d'aigles 1771. Arg. *TB*.

111 — ℟. AD. VTRVMQVE. PARATVS. Soldat devant un canon. 1772. Arg. *TB*.

112 — Louis XVI. ℟. PACEM. ARMA. TVENTVR. La Paix et un guerrier assis 1777. Ar. *TB*. 3 Variétés d'effigies.

113 **Artillerie.** Louis XV. Tête au bandeau. ℟. VÆ QVIBVS. HAS. RVPISSE. CATENAS. CONTIGERIT. Canons enchaînés. 1733. Arg. *TB*.

114 — Duc du Maine. Son buste à dr. ℟. NEC. DVM. NOSTROS CONSVMPSIMVS. IGNES. Volcan et canons, 1735. Arg. *TB*.

115 **Artillerie et Génie.** Louis XV. ℟. ET. PLACIDO. METVENDA. JOVE. Pallas sur des canons. Arg. s. d. TB.

116 — 2 variétés sans date à l'effigie de Louis XVI. Arg. *TB*.

117 **Marine.** Duc de Penthièvre, buste habillé à dr. ℟. NI.

STARET. PACIS. AMOR. Char marin. 1740. Arg. *TB*. *Rare.*

118 — Louis XIV. ℟. EXTREMO. ADVEXIT. AB. ORBE. Hercule debout. 1709. Arg. *TB*.

119 — ℟. DAT. TERRIS. NEPTVNVS. OPEM. Neptune debout et cheval marin. Sans date. Arg. *TB*.

120 — Louis XV. ℟. VIS. INSITA. MAIOR. Aigle. au dessus de la mer. 1756. Arg. *TB*.

121 — ℟. CVNCTA. SERENA. FACIT. Le char d'Amphitrite. Sans date. Arg. *TB*.

122 — Louis XVI. ℟. BELLO PACIQVE. Le char de Neptune. s. d. Arg. *TB*.

123 **Galères.** Chevalier d'Orléans, ses armes. ℟. NEC. SOPOR EXTINXIT. VIRES. 1722. Hercule couché. Même avers. ℟. IN. ALTO. ET. LITTORE... 2 Ancres 1727. Ens. 2 p. Cu. *B*.

124 — Louis XV. ℟. NOTO. JVVAT. INDVLGERE. LABORI. Rucher. 1736. Arg. *TB*.

125 **Colonies françaises de l'Amérique.** Louis XV. ℟. NON INFERIORA. METALLIS. Castors à l'œuvre. 1754. Arg. *TB*. *Rare.* (Voir planche II).

126 — ℟. PARAT. VLTIMA. TERRA. TRIOMPHOS. Guerrier et Neptune traversant la mer. 1757. Arg. troué. *Rare.*

127 **Compagnie de la Guyane Française.** EX. VTILITATE. DECVS. Charrue. Ex : SOC. ROY. D'AGRIC. DE PARIS. ℟. Colon. s. d. Arg. oct. *TB*.

128 **Compagnie des Indes.** Louis XVI. Buste à dr. par Duvivier. ℟. Armes de la Compagnie MDCCLXXXV. Arg. oct. *TB*. *Rare* (Voir planche II).

129 **Ordre du St-Esprit.** LVDOVICVS XIII. Ecus France Navarre. ℟. ANIMIS ILLABERE NOSTRIS. 1633. Le St-Esprit. Arg. *TB*. *Rare.* (Voir planche II).

130 — Louis XIV. Buste nu à dr. ℟. MENS OMNIBVS VNA. 1693. Le St-Esprit. Arg. *TB*. *Rare* (Voir planche II).

131 — Louis XV. Buste habillé. ℟. VIRTVS OMNIS AB. ILLO. 1728. Le St-Esprit. Arg. *TB*.

132 **Ordre de St Louis.** Louis XV. ℟. FIRMATVR. CONSILIO. VIRTVS. St Louis debout. 2 variétés d'effigies. Arg. *TB*

133 — Louis XVI. Buste cuirassé à dr. par Lorthior. ℟. LUD. XVI. ILLUSTRAVIT. 1779. La Croix de l'Ordre. Arg. oct. *TB*.

134 **Connétablie Maréchaussée.** Bâtons de maréchaux en croix sous une couronne. ℟. NON SINE NVMINE. Bras tenant une épée. Arg. s. d. *TB.*

135 **Trésor Royal.** Louis XIV. ℟. SVFFVCIT. ÆTERNVM NEC DEFICIT. Barques sur la mer. 1673. Arg. *TB.*

136 — ℟. QVANTVM SATIS. Ecluse. 1677. Arg. *TB.*

137 — ℟. TELORVM. ÆTERNA SEGES. 1678. Porc épic. Arg. *TB.*

138 — ℟. COLITVR TRIVMPHOS MDCLXXXII. Palmier. Arg. *TB.*

139 — ℟. REGE INCOLVMI NON DEERIT COPIA. 1687. Rucher d'abeilles. 2 variétés. Arg. *TB.*

140 — ℟. PACEM. SVMMA TENENT. 1690. Montagne. Arg. *TB.*

141 — ℟. VT. VINCAT DISPERGIT OPES. 1702. Atalante fuyant Arg. *B.*

142 — ℟. FIDISSE. JVAT. 1707. Champ de blé. Arg. *TB.*

143 — ℟. ARTE. ATQVE METALLO. 1712. Forgeron. Arg. *TB.*

144 — ℟. SVA. CVIQVE. MINISTRAT. 1713. Trois forgerons forgeant un caducée. Arg. *TB.*

145 — ℟. PACATO PLENIVS ALVEO. 1714. Cascade. Arg. *TB.*

146 — ℟. EA. CVRA. QVIETVM. SOLLICITAT. 1715. Hercule assis et déesses. Arg. *TB.*

147 — Louis XV. ℟. DARBIT. ESSE. FERACEM. 1727. Jardinier et vigne. Arg. *TB.*

148 — ℟. PROPERAT SVCCVRRERE TERRIS. 1731. La Paix sur un nuage. Arg. *TB.*

149 — ℟. EX VNO OMNES. 1733. Fleuve assis. Arg. *TB.*

150 — ℟. NEC OPES DESVNT NEC AMOR. 1734. Jason. Arg. *TB*

151 — ℟. NON SPOLIANT HYEMES. 1735. Oranger. Arg. *TB.*

152 — ℟. PRINCIPIS ÆRARIVM. AERARIVM. POPVLI. 1736. Rucher. Arg. *TB.*

153 — ℟. CRESCENT HOC. SYDERE FRVCTVS. 1739. Soleil, lauriers et palmiers. Arg. *TB.*

154 — ℟. IMMERSABILIS VNDIS. 1742. Arche de Noé. Arg. *TB.*

155 — ℟. VT ITERVM FLVANT. 1745. Fleuve versant. Arg. *TB.*

156 — ℟. SERVATO FOEDERE SEMPER. 1748. Fleuve couché. Arg. *TB.*

157 — ℟. SIBI CREDITA REDDIT. 1749. Champ de blé. Arg. *TB.*

158 — ℟. HAVRIT. VT. SPARGAT. 1750. Machine élévatoire. Arg. *TB.*

159 — ℟. NON SIBI. SED. ORBI. 1751. Soleil éclairant la terre Arg. *TB.*

160 — ℟. PERENNITER. 1753. Fleuve assis. Arg. *TB.*

161 — ℟. DAT. CVNCTA. MOVERI. 1754. Planètes s. l. Soleil. Arg. *TB.*

162 — ℟. DIVISVS PRODEST. 1755. Fleuve assis. Arg. *TB.*

163 — ℟. INDE ROS ET FVLMEN. 1757. Soleil et paysage. Arg. *TB.*

164 — ℟. DANT. ACCIPIVNT QVE VICISSIM. 1758. Neptune et fleuves. Arg. *TB.*

165 — Louis XVI. Buste habillé à dr. par **Duvivier.** ℟. TRESOR ROYAL dans une couronne. s. d. Arg. oct. *TB.*

166 **Monnaie du Roi.** DE LA MOVNOYE DV ROI. Ecu aux 3 lis entouré de 6 lobes. ℟. LOIAVTÉ METIÉ. **Croix fleuronnée.** Jeton gothique. s. d. Cu. *TB. Rare.*

167 **Chambre des Monnaies.** HENRICO SECVNDO REGNANTE. H couronné et croissant. ℟. CAMERA. MONETARVM FRANCIÆ. 3 lis entourés de 3 lobes. Cu. *TB.*

168 **Affineurs à la Monnaie.** ÆR. AVR. ARG. FLAN. FER. Ecu de France couronné. ℟. FIDES SPECTATVR.. 1572. Fondeur et fourneau. Cu. *Rare.*

169 **Ajusteurs de la Monnaie.** DANT. PONDVS. 1767. Balances et pièces de monnaies. ℟. DANT. PRETIVM. Balancier. Arg. *TB.* Refrappe.

170 **Monnaie.** Louis XV. ℟. ET . LEGE. ET PONDERE. 1723. Presse Monétaire. 2 variétés, plus une refrappe. . Arg. *TB.* 3 variétés

171 — M. F. LE. BRVN. C. DV. ROY. EN SA COVR. DES MONNOYES. Ses armes. ℟. SOLA. PLACET SVPERIS. 1645. Gerbe et cinq étoiles. Cu. B.

172 **Chambre aux Deniers.** Louis XIV. ℟. INFERIOR. DVM. PROVOCAT. 1675. Aigle et Soleil. Arg. *TB.*

173 — ℟. QVOS. ALIT. ILLVSTRAT. 1677. Vases et corbeilles sous le soleil. Arg. *TB.*

174 — ℟. QVAS. NON. PRAEBET. OPES. 1688. Oranger chargé de fruits. Arg. *TB.*

175 — ℞. SEGES. SVPERADDITA. VOTIS. 1712. Les envoyés de Moïse portant une grappe de raisin. Arg. *TB.*

176 — Louis XV. ℞. ACCEPTA. REPENDIT. 1725. Moisson et arbre. Arg. *TB.*

177 — ℞. PAX. IN. VIRTVTE. TVA. 1749. La Justice debout. Arg. *TB.*

178 — ℞. OPES. FRVGES. QVE. LARGITVR. 1734. Arbres sur des Rochers. Arg. *TB.*

179 **Parties Casuelles.** Louis **XIV.** ℞. DATVR. HIC. CONTEMNERE. CASVS. 1694. Ville et port. Arg. *TB.*

180 — Louis XV. ℞. ÆTERNA. JVVENTVS. 1725. Serpent sortant d'un buisson. Arg. *TB.*

181 — ℞. NE. TOTVM. PEREAT. 1741. Navire dans la Tempête. Arg. *TB.*

182 — ℞. CRESCITQVE. CADENTIBVS. Sans date. Pluie sur un paysage. Arg. *TB.*

183 **Ponts et Chaussées.** Louis XV. ℞. NOVVM. DECVS. ADDIDIT. VRBI. Sans date. Pont. Arg. *TB.*

184 **Eaux et Forêts.** Louis XV. Tête à dr. ℞. EAVX ET. FORÊTS DE. FR. AV SIÈGE. G. DE LA. T. DE MARB. DE. PARIS. Sans date. Table et engins de chasse et de pêche. Arg. *TB. Rare* (Voir planche II).

185 **Menus Plaisirs du Roi.** Ecu de France. ℞. MINOR EST... 1655. Enlèvement de Ganymède. Arg. *TB.* Refrappe.

186 — Louis **XV.** ℞. CONCESSA. VOLVPTAS. 1756. Amours faisant de la musique. Arg. *TB.*

187 **Affaires de la Chambre du Roi.** Louis XIV. ℞. REX. NOBIS. HÆC. OTIA. FECIT. 1703. Concert avec 6 figures de femmes et enfants. Exergue : MENUS. PLAISIRS... Arg. *TB.*

188 **Jeu du Roi.** Ecu France Navarre sur manteau, par Droz. ℞. Cornes d'Abondances, masques et sablier (Epoque Restauration. Cu. Oct. Sans date. *Rare. FDC.*

189 **Syndics Généraux.** Louis **XV.** ℞. PRIVILÉGIÉ. DV ROI. SVIVANT LA COVR. 1737. Massue et épées sur champ fleurdelisé. Arg. *TB.*

190 **Ecuries du Roy.** Louis XV. ℞. BELLI. PACISQVE..DECVS. Sans date. Cheval libre. Arg. *TB.* 3 variétés de portrait.

191 **Bâtiments du Roi.** Louis XIV. ℞. AEQVAT. PIETA. TE. TRIOMPHOS. Sans date. Les Invalides. ℞. VOVI. DEO. EX.

ERCITVVM. 1707. Les Invalides. Ens. 2 refrappes. Arg. *TB.*

192 — Louis XV. ℟. DOMVS. HOSPITE. DIGNA. 1721. Palais du Luxembourg. ℟. NVNC. QVOQVE. REGIA. SOLIS. 1723. Le Palais de Versailles. Ens. 2 refrappes. Arg. *TB.*

193 — Louis XV. ℟. PLACIDAS. REVOCET. ARTES. 1740. Minerve assise. Arg. *TB.*

194 — ℟. FORTIOR. QVO. RECTIOR. 1744. Niveau. Arg. *TB.* 2 variétés.

195 — ℟. QVID. NON. ARTE. VALET. Sans date. Caducée devant le Palais de la Muette. Arg. *TB.* 3 variétés d'effigies.

196 — Louis XVI. ℟. MOX. HOSPITE. DIGNA. 1756. Colonnades du Louvre en réparation. Arg. *TB.*

197 — Variété à la tête de Louis XV. Refrappe. Arg. *TB.*

198 **Experts et greffiers des Bâtiments.** OMNIA. CVM. PONDERE. NVMERO. ET MENSVRA. Minerve assise. ℟. RECTI. IRREQVIETA. CVPIDO. Palais en construction. Sans date. Arg. *TB.*

199 **Police** ?? PAX. ET. SECVRITAS. PVBLICA. Drapeaux. ℟. FIDES. ET. CONSTANTIA. Mains jointes. Sans date. Arg. troué. *TB.*

200 — Louis XVIII. Tête nue à dr. p. Galle. ℟. VIGILAT VT QVIESCANT. Sans date. Coq. Arg. Oct. *TB.*

201 — LT. DE CROSNE C^HR. C^ER. DV ROI. M. D. REQ. LIEV. GEN^L. DE POLICE. 1785. Ses armes. ℟. VIGILAT. VT. QVIESCANT. 1713. Grue. Cu. *TB. Rare.*

202 **Procureurs au Châtelet.** Louis **XV**. ℟. VMBRAS. PRIMAS. RESOLVIT. 1766. Le Char de l'Aurore. Arg. *TB.* 2 variétés d'effigie.

203 — Variété à la tête de Louis XVI. Arg. *TB.*

204 — HIERONIMVS. D. ARGOVGES. PRÆTOR. VRBANVS. Ses armes. ℟. VMBRAS. PRIMAS. RESOLVIT. 1718. Le char de l'Aurore. Cu. *TB. Rare.*

205 **Commissaires du Châtelet.** DV DOYENNÉ. DE M. GIRARD. 1772. Ses Armes. ℟. HIS. OCVLIS. LVSTRATA. REFVLGET. Le Châtelet. 1749. Arg. *TB.*

206 **Election de Paris.** Louis XV. ℟. Ecu de France. Sans date. 3 variétés d'Effigies. Arg. *TB.*

207 — Louis XIV. ℟. LA. VILLE. DE PARIS. Sans date. Vue de la ville. Arg. *TB*.

208 — 3 variétés arg. à l'effigie de Louis XV. *TB*.

209 — Variété arg. à la tête de Louis XVI, par Duvivier. *TB*.

210 **Prévots des Marchands.** DE LA PRÉVOTÉ. DE M . JEAN. SCARRON. Ses armes. ℟. MATRE DEA. MONSTRANTE. VIAM. 1645. Armes de Paris. Arg. *TB*. *Rare*.

211 — DE LA 4me PRÉV. DE Mre CLAUDE. LE. PELETIER. Armes de Paris. ℟. VNVS. TERGEMINVM. 1675. Hercule assomme le triple Gérion. Arg. *TB*. *Rare*.

212 — Louis XIV. Buste à dr. ℟. DE LA PREVOSTE. DE. M AVGVSTE ROBERT. DE. POMEREV. 1678. Armes de Paris. Arg. *TB*. *Rare*.

213 — DE LA 2me PREVOSTE. DE Mre AVG. ROB. DE POMEREV. Ses armes. ℟. FÉCIT. VICTORIA. NODVM. 1680. Trophée. Arg. *TB*. *Rare*.

214 — PREVOSTE DE Mr JEROME. BIGNON. CONer D'ÉTAT. Ses armes. ℟. ARDET. AB. VNO. Miroir contre un Rocher. 1709. Arg. *TB*. *Rare*.

215 — CASTAGNÉRE. Ses armes. ℟. Armes de Paris. 1723. Arg. *TB*.

216 — NICOLAS. LAMBERT. Ses armes. ℟. Armes de Paris. 1725. Arg. *TB*.

217 — MICHEL. TVRGOT. Ses Armes. ℟. Armes de Paris. 1733, et Variété 1739. Ensemble 2 pièces. Arg. *TB*.

218 — FELIX AVBERY. Ses Armes. ℟. Armes de Paris. 1742. Arg. *TB*.

219 — LOVIS. BAZ. DE BERNAGE. Ses armes. ℟. Armes de Paris. 1750 et Variété 1753. Ens. 2 pièces. Arg. *TB*.

220 — ARM. JER. BIGNON. Ses armes. ℟. Armes de Paris. 3 variétés. 1767, 1770, 1771. Arg. *TB*.

221 — JB. FR. DE. LA. MICHODIÈRE. Ses armes. 1773. ℟. Armes de Paris. Arg. *TB*.

222 — ANT. L. FR. LEFEVRE. DE. CAVMARTIN. Ses armes. 1780 ℟. Armes de Paris. Arg. *TB*.

223 **Conseillers de ville.** Louis XIV. ℟. CAPIT. OMNI. EX. ORDINE. LECTOS. 1702. Gerbe de fleurs. Arg. *TB*.

224 **Payeurs des Rentes.** Louis XIV. ℟. FIDE. QVA. SVMPTA. REPENDO. 1717. Femme assise, 2 variétés. Arg. *TB*.

225 — Variété datée. 1748. Arg. *TB*.

226 — 4 variétés datées. 1764. Arg. *TB*.

227 **Réunion du Clergé.** Abimélech donnant à David l'épée de Goliath. ℟. CONVENTVS CLERI GALLICANI MDCCX. Dans une couronne. Arg. *TB*.

228 — DONIS. TESTATVR. AMOREM. La Religion devant le Trône. ℟. CONVENTVS etc..., MDCCXXXIV. Arg. *TB*.

229 —. Louis XV. ℟. CONVENTVS. etc... MDCCXLV. Arg. *TB*.

230 — Variété. MDCCXLVIII. Arg. *TB*.

231 — Variété. MDCCL. Arg. *TB*.

232 — Variété. MDCCLV. Arg. *TB*.

233 — Variété. MDCCLXII. Arg. *TB*.

234 — Variété. MDCCLXV. Arg. *TB*.

235 — Louis XVI. ℟. CONVENTVS. etc... MDCCLXXV. Arg. oct. *TB*.

236 — Variété. MDCCLXXX. Arg. oct. *TB*.

237 — Variété. MDCCLXXXV. Arg. oct. *TB*.

238 **Dons du Clergé.** Aux veuves des marins. Buste de Louis XVI. ℟. PRO. RE. NAVALI. etc... MDCCLXXXII. Arg. oct. *TB*.

239 **Eglise St-André des Arcs.** DES. BOIS. DE ROCHEFORT. Son buste à g. par Duvivier. ℟. INTELLIGIT. SVPER. EGENVM. La charité assise près d'un coffre. Ex.: S. ANDREÆ AB. ARC. ÆDITVI. 1779. Cu. *TB*. *Rare*. (Voir planche II).

240 **Fabrique de St-Barthélemy.** La Religion debout. ℟. B. P. II. LIVRES DE VIANDE. Cu. *TB*.

241 **Les Marguilliers de St-Eustache.** COMMOVET. ET LAVDAT. 1726. Cor de chasse. ℟. Le miracle de St Eustache. Arg. *TB*.

242 **St Jacques de l'Hôpital.** St Jacques debout. ℟. XIV. 2 coquilles et tête de mort avec 2 abeilles. Méreau. Cu. *TB*.

243 — St Jacques debout. ℟. CHANOYNES. 2 bourdons en sautoir, cantonnés de 3 coquilles. 1647. Cu. *B*.

244 **St-Jean en Grève.** ITQVE. DOCET. QVE VIAM. Pélerin debout. 1703. ℟. LA VILLE DE PARIS. Vue de Paris. Arg. *TB*.

245 **Fabrique de St Sauveur.** Louis XVI. Buste à dr. ℟. FABRIQVE DE. etc... 1783. Arg. *TB*. *Rare*. (Voir planche III).

246 **Marguilliers de St-Sulpice.** CVRAT. CVSTODIT ET ORNAT. Trophée religieux. ℟. DAT. ESCAM. ESVRIENTIBVS. 1756. La charité. Exergue : LES COMMISSAIRES DES PAVVRES. Arg. *TB.*

247 **Académie Française.** Louis XV. ℟. A L'IMMORTALITÉ. Arg. 3 variétés d'effigies. *TB.*

248 — 2 variétés à la tête de Louis XVI. Arg. *TB.*

249 **Académie des Inscriptions.** Louis XV. ℟. VETAT. MORI. Déesse debout. s. d. Arg. *B.* et variété à la tête de Louis XVI. Arg. *TB.* Ens. 2 pièces.

250 **Académie des Sciences.** Louis XV. ℟. Minerve assise. 3 variétés d'effigies. Arg. *TB.*

251 — Variété, au buste de Louis XVI. Arg. *TB.*

252 **Académie de Marine** (établie à Brest). Louis XVI. Buste à g. par Duvivier. ℟. PER. HANC. PROSVNT OMNIBVS ARTES. Navire. 1778. Arg. *TB.*

253 **Académie de St-Luc.** Louis XV. ℟. HÆC. ANTIQVA MINERVA. Minerve assise tenant un écusson 1758. Arg. *TB.*

254 **Collège de France.** Louis XV. ℟. COLLÈGE ROIAL DE FRANCE. Ecusson aux armes. Sans date. Arg. *TB.*

255 **Gr. Messagers de l'Université** SANCTVS. CAROLVS MAGNVS. MDCXCIX. Charlemagne a mi corps. ℟. HÆC NVNCIA. VERI. Leurs armes. Arg. *TB.*

256 **Société Académique des Enfants d'Apollon.** Lyre. ℟. EMOLLIT. etc... 1807. Arg. *TB.* Refrappe.

257 **Faculté de Médecine de Paris.** Doyens. SCHOLÆ. TVTELA PRÆSENS. Guy Fagon. Buste à g. ℟. M. FR. VERNAGE. PARIS. FAC. MED. PARIS DECANO. Ecu aux 3 cigognes. 1703. Cu. *TB.*

258 — MONSTRAT. ITER. Serpent et le Temple d'Esculape. 1714. ℟. M. PH. HECQVET ABBAV. FACVL. MED. 1713. Arg. *TB.*

259 — 2 variétés cu. rouge et cu. jaune. Sans la date 1714. TB.

260 — PH. HECQVET. ABBAV. M. P. DE. Buste à g. ℟. MONSTRAT. ITER. Serpent et le Temple d'Esculape. 1714. Cu. jaune. *TB.*

261 — PH. CARON. DECANVS. 1724. Buste à dr. ℟. Armes de la Faculté, entourées de 2 serpents Cu. *B.*

262 — JAC. LVD. ALLEVAME... buste à dr. ℞. VET. IVRIS SCHOLÆ. MEDICOR. REFVG. 1775. Génie devant l'Ecole de Médecine. Cu. *TB.*

263 **Ecole de Chirurgie.** SALVS. PVBLICA. Ex: SCHOLA. REGIA CHIRVR. PARISI. Apollon debout. ℞. LVDOVICVS. MAGNVS. SANITAS. ORBIS. 1686. Jardin Botanique. Cu. *B. Rare.*

264 **Académie de Médecine.** Louis Philippe. ℞. ACADÉMIE ROYALE DE MÉDECINE. 2 Variétés. s. d. Arg. oct. *TB.*

265 **Conseil de Santé.** Louis XVIII. Buste nu à g. p. Barre. ℞. CONSEIL. SVPÉRIEVR. DE SANTÉ. Cu. Oct. *TB. Rare.*

266 **Maison Philantropique de Paris.** DONEC E CŒLO. DESCENDAT. Main tenant un arrosoir. 1781. ℞. MAISON. Arg. *TB.*

267 **Collège de Pharmacie.** Louis XVI. ℞. IN HIS. TRIBVS. VERSANTVR. 1773. Ecusson avec serpent autour d'un Palmier. Arg. *TB.*

268 — Variété. Coq et serpent remplaçant la Tête de Louis **XVI**. Arg. *TB.*

269 **Société de Pharmacie de Paris.** Coq sur un autel, cornue. MDCCXCVI. ℞. HYGIA. SALVS. Tête d'Hygiée. Arg. Oct. *TB.*

270 **Vaccinations municipales de Paris.** EX. INSPERATO. SALVS.. Vache. ℞. VACCINATIONS etc... MDCCCXIV. Arg. Oct. *TB.*

271 **Six Corps des Marchands.** Louis XV. Buste cuirassé à dr. ℞. VINCIT CONCORDIA FRATRVM. Hercule et les faisceaux. 1725. Arg. *TB.*

272 **Aéronautes.** Deux L sous une Couronne. ℞. JETTON DE METAIL. Ballon et drapeaux. Sans date. Plomb. *TB. Rare.*

273 **Architectes.** Louis **XVI**. ℞. CONSOCIARE. AMAT. L'Architecture debout. Sans date. Arg. *TB.*

274 **Bourreliers.** Louis XV. Tête au bandeau. ℞. VENI. CORONA BERIS. Vierge dans les nues. Ex : COMMVNAVTÉ. DES. MAIT. BOVRRELIERS. 1403. Arg. *TB. Rare.* (Voir planche III).

275 — Variété à la tête laurée de Louis XV. Arg. *TB.*

276 **Cabaretiers.** Louis **XIIII**. Tête enfantine à dr. Ex: XXV. MERI REGII. GANIMEDES. ℞. IN. VIA. VITIS. VERITAS. ET VITA. Jésus allant à Emmaüs par les vignes. Cu. *TB.*

277 **Corroyeurs.** Louis XV. Tête au bandeau. ℟. M . CORROYEVRS. PORTEVRS. DE. LA. CHASSE DE. St MERRY. 1733. Procession de la chasse. Arg. *TB. Rare.* (Voir PL. III.)

278 — Variété au buste habillé de Louis **XVI** à dr. Arg. *TB. Rare.*

279 **Drapiers.** Louis XV. Buste enfantin à dr. ℟. VT. COETERAS DIRIGAT. Navire. Ex : LE. PREMIER. CORPS. DES. MARCHANDS. DE. PARIS. Sans date. Arg. *TB.*

280 **Eclairage.** Louis **XIV**. Tête à dr. ℟. LATE. CVNCTA. PROFVNDIT. Char du Soleil. Sans date. Arg. 3 variétés. *B.* et *TB.*

281 — 4 Variétés à la tête de Louis XV. Arg. *TB.*

282 **Gardes Marchands de Vins.** REGNVM. MENS[IS] . ARISQVE DEORVM. Coupe sur un autel. ℟. ÆQVATIS IBVNT. ROSTRIS. Leurs armes. s. d. 2 variétés Arg. *TB.*

283 **Libraires Typographes.** EX. VTROQVE. LVX. Bible sous le Soleil. ℟. Leurs Armes. MDCCXXIII. Arg. *TB. Rare.* (Voir planche III).

284 **Asociation des Imprimeurs.** FVGAT. TENEBRAS LVCEMQVE REDVCIT. Presse. MLCCC. XL. ℟. CONFÉRENCE. DES. IMPRIMEURS. Arg. *TB.*

285 **Maçonnerie.** Louis **XV**. Tête laurée à dr. ℟. ART. DE LA. MAÇONNERIE. Bâtiment et pont. Sans date. Arg. *TB.*

286 **Merciers.** Louis **XV**. Tête laurée à dr. ℟. AVSPICE. NON ALIO. Saint Louis debout. s. d. Arg. *TB.*

287 **Orfèvres.** Louis **XV**. Buste enfantin à dr. ℟. IN SACRA INQVE CORONAS. Leurs armes. AVRIFICES. PARISIENSIS. Sans date. Arg. *TB.*

288 **Tapissiers.** Louis XV. Tête laurée à dr. ℟. LA COMM[TÉ]. DES M[DS]. TAPISSIERS. DE. PARIS. Saint Louis debout. 1726. Arg. *TB.*

289 **Grand Orient.** AB. ORIENTE. ORIAR. Soleil et la mer. ℟. SI FODIERIS. INVENIES. Tête rayonnante en une étoile. s. d. Arg. *TB. Rare.* (Voir planche III).

290 **Boulangerie de Paris.** Saint Honoré debout. ℟. ABONDANCE SÉCVRITÉ. DES. PEVPLES. Epis de blé. Sans date. Arg. *TB.*

291 **Courtiers assermentés.** Navire. VINS ET EAVX DE VIE. ℟. SEINE. Couronne de pampres. Sans date. Arg. *TB.*

292 **Entrepreneurs de couverture** et de Plomberie. Légende. ℟. Leurs armes. 1846. Arg. oct. *TB.*

293 **Chambre Syndicale de la Maroquinerie** et Gainerie. Légende. ℞. Le Commerce et l'Industrie debout. Sans date. Arg. *TB.*

294 **Farines** supérieures de Paris. Légende. ℞. CRÉATION DV 6 OCTOBRE. 1868. Gerbe de blé. Arg. Oct. *TB.*

295 **Comité des Expertises.** Femme assise par Patey. ℞. MINISTÈRE. DV. COMMERCE... 27 juillet IFLL. Arg. *TB.*

296 **Agents de Changes.** Louis XVIII. Buste à g. par Tiolier 1814. ℞. AGENTS DE CHANGE. DE PARIS. La Bourse. Cu. j. Oct. *TB. Rare en cuivre.*

297 — Charles X. Tête nue à dr. par Tiolier. 1825. ℞. Le précédent. Arg. oct. *TB.*

298 **Avocats aux Conseils.** Louis XVIII. Buste nu à dr. ℞. AVOCATS... Code ouvert. Arg. oct. s. d. TB.

299 **Avoués.** CONSILIO JVDICIA PARANT. La Justice assise. ℞. VITAM. IMPENDERE. LEGVM STVDIO. Code sur une table. Ex : AVOVÉS PRÈS LA COVR D'APPEL Arg. Oct. s. d. *TB.*

300 — Charles X. Tête à g. p. Barre. ℞. AVOVÉS. AV. TRIBVNAL DE. I^{r} INSTANCE... 1826. Arg. Oct. *TB.*

301 — Louis Philippe. Tête laurée à dr., par Domard. ℞. Variété du précédent, datée. 1830. Arg. Oct. *TB.*

302 — La Justice assise à g. par Allard. ℞. Variété du précédent datée 1849. Arg. Oct. *TB.*

303 **Commissaires Experts** du Gouvernement. Mercure assis 1831. ℞. LOI. DV... Arg. Oct. 2 EXEMPLAIRES. *TB.*

304 **Huissiers, Commissaires Priseurs.** Louis XV. Tête au bandeau à dr. ℞. ELECTIS FIDITE... La Justice assise. Sans date. Cu. *B.*

305 **Commissaires Priseurs.** Louis **XVIII.** Son buste nu à g. par Tiolier. ℞. ELECTIS FIDITE. La Justice assise à g. Cu. j. Oct. *TB. Rare en cuivre.*

306 **Bourse de Paris.** Mercure assis devant la Bourse. ℞. COVRTIERS ASSERMENTÉS. 1866. Arg. oct. *TB.*

307 — Napoléon Ier. Buste à dr. ℞. COVRTIERS DE COMMERCE. Navire. Sans date. Arg. Oct. *TB.*

308 — Variété au buste nu de Louis **XVIII** à g. Arg. oct. *TB.*

309 **Notaires.** Louis **XV.** Buste habillé à dr. par Duvivier. ℞. LEX EST. QVODCVMQ NOTAMVS. Gnomon. Ex : CONERS DV ROY. ET. NOTAIRES. 1720. Arg. *TB. Rare.* (Voir PL. II).

310 — Louis XVIII. Buste nu à dr. par Depaulis. ℟. LEX EST. etc... Gnomon. Exergue : COMPAGNIE DES NOTAIRES. PARIS. Arg. oct. s. d. *TB. Rare.*

311 — Variété à la tête nue de Louis-Philippe, à dr. par Michaut. s. d. Arg. oct. *TB.*

312 **Second Théâtre Français.** Louis XVIII. Buste habillé à g. par Droz. ℟. Le Drame et la Comédie debout. MDCCCXIX. Arg. oct. *TB. Rare* (Voir planche III).

313 **Quartier St-Georges.** LES FONDATEVRS DV NOVVEAV QVARTIER. ⁋MDCCCXXVII. Fontaine. ℟. Trophée d'architecture. Arg. *TB. Rare.*

314 **Approvisionnement de Paris.** Jean Rouvet, inventeur des flottages. 1549. Son buste à g. ℟. COMMERCE DE BOIS A BRVLER. Arg. oct. s. d. *TB.*

315 — Ancre. LOI DV 16 JVILLET 1840. ℟. COMMERCE DE BOIS A ŒVVRER. etc. Arg. oct. *TB.*

316 — Ancre. 1818. ℟. COMMERCE DE BOIS CARRES. Arg. oct. *TB.*

317 **Coche de la Haute-Seine.** Ancres et corne d'abondance. ℟. Chargement d'une barque. AN SIX. Hennin 861. Arg. oct. *TB.*

318 **Banque d'Escompte** de Paris. Armes de Paris. ℟. Couronne. Inscription. Arg. oct. *TB.*

319 **Banque de France.** AN VIII. ℟. LA SAGESSE FIXE LA FORTVNE. Minerve et la Fortune. Arg. oct. *TB.* refrappe.

320 **Comité d'Escompte.** Louis-Philippe. Tête à g. ℟. COMITÉ D'ESCOMPTE etc... 1830. Arg. hexagone. *TB.*

321 **Crédit agricole.** Légende. ℟. DECRET. DV 16 FÉVRIER. 1861. Arg. *TB.*

322 **Banque d'Escompte.** Mercure assis. ℟. SOCIETE BOVRON PORENTRV. ET Cie. s. d. Arg. *TB.*

323 **Société générale de crédit industriel.** Légende. 7 mai. 1859. ℟. L'Industrie debout. Arg. oct. *TB.*

324 **Société générale.** S. G. sur une Croix. ℟. Caducée et palmes. s. d. Arg. *TB.*

325 **Chambre syndicale** des banquiers de Paris. ℟. Armes de Paris. Arg. *TB.*

326 **Chefs d'Institution** du département de la Seine. Buste de Charlemagne à dr. ℟. PARENTIS ESSE LOCO. 1847. Arg. oct. *TB.*

327 **Affiches réunies.** CONCORDIA RES PARVÆ CRESCVNT. 1815 Paquet d'affiches. ℞. Couronne de blé et fruits. ANNONCES JVDICIAIRES LÉGALES. ET AVIS DIVERS. Cuivre jaune oct. *TB.* (Voir planche III).

328 **Comptes de M. Fonvielle et Cie.** Louis XVIII. Tête à g. par Gatteaux. ℞. COMITÉ D'AVDITION. DES COMPTES... Navire. Cu. jaune oct. s. d. *TB. Rare.*

329 **Assurance** CONTRE LA GRÊLE. LA CÉRÈS. Cérès assise. ℞. ORDONNANCE DV 29 JANVIER 1823.. Gauvin 24. Arg. oct. *TB.*

330 **Chambre des assurances.** Louis XIV. Buste à dr. ℞. VNA SALVS PELAGO. Navire faisant naufrage. G. 111. Cu. *B.*

331 **Compagnie Commerciale d'assurance.** 1818. ℞. DIEV SAVVE TOVT. Navire, voiture et barque. Arg. oct. G. 115. *TB.*

332 — Même pièce en cuivre jaune oct. *TB.*

333 **Assurances Maritimes.** LE NEPTVNE. 1859. ℞. Neptune et Mercure sur un hippocampe. G. 141. Arg. oct. *TB.*

334 — VNION DES PORTS. Navire, palmier et phare. ℞. Trophée. 1836. G. 160. Arg. oct. *TB.*

335 — L'EGIDE... ASSVRANCES MARITIMES. Couronne de roseaux. 1863. ℞. Déesse devant des navires. Arg. *TB.* Manque à Gauvin.

336 **Assurance Mutuelle des 4 départements environnant Paris.** Louis XVIII. Tête à g. ℞. Légende. 1819. G. 186. Arg. oct. *TB.*

337 **Assurance contre l'incendie.** Cérès assise. ℞. LA GARANTIE AGRICOLE. 1859. G. 216. Arg. oct. *TB.*

338 — L'AIGLE. Légende. 1845. ℞. Aigle éployé. Signé. GERBIER. Arg. oct. *TB.* G. 284.

339 **Assurances Générales.** Louis XVIII. Buste à g. ℞. La Prévoyance debout. MDCCCXVIII. G. 291. Arg. oct. *TB.*

340 — Variété sans encadrement perlé. G. 292. Arg. oct. *TB.*

341 — Variété plus petite. G. 293. Arg. oct. *TB.*

342 — LA CENTRALE. Salamandre. ℞. 12 AOVT. 1863. G. 299. Arg. oct. *TB.*

343 — LA FONCIÈRE. La Paix assise. ℞. ASSVRANCES CONTRE L'INCENDIE ET LE CHOMAGE. G. 303. Arg. *TB.*

344 — LA FRANCE. Déesse assise. ℞. COMPAGNIE D'ASSVRANCE 1837. G. 306. Arg. oct. *TB*.

345 — LE MONDE. L'Epargne et la Prévoyance assises. 1875. ℞. COMPAGNIE ANONYME D'ASSVRANCES... G. 317. Arg. *TB*.

346 — LA NATIONALE. Légende. MDCCCXVII. Déesse secourant une femme assise. G. 320. Arg. oct. *TB*.

347 — LA PROVIDENCE. Triangle rayonnant. 1838. ℞. ADMINISTRATEVRS.. etc. G. 339. Arg. decagone. *TB*.

348 — LE SOLEIL. ASSVRANCES. 1829. ℞. Soleil. G. 349. Arg. oct. *TB*.

349 — Variété signée HAMEL. Arg. oct. *TB*. Manque à Gauvin.

350 — L'VNION. Tête nue de Louis-Philippe à g. ℞. COMPAGNIE D'ASSVRANCES. 1828. G. 361. Arg. oct. *TB*.

351 — L'VRBAINE. Cie D'ASSVRANCES. 1838. ℞. Couronne murale. G. 370. Arg. oct. *TB*.

352 **Caisse Paternelle.** Légende. 1841. ℞. Ruche et abeilles. sans signature. G. 390. Arg. *TB*.

353 — Variété. Signature sous la ruche. Couronne signée. G. 391. Arg. *TB*.

354 — LA NATIONALE. ASSVRANCE SVR LA VIE. Légende. ℞. MDCCCXXX. 3 personnages. G. 409. Arg. oct. *TB*.

355 **La Royale.** Pélican et ses petits. ℞. COMPAGNIE D'ASSVRANCE ETABLIE EN 1787. G. 418. Cu. *B. Rare.*

356 **Le bon chef de Famille.** COLLIGET AVVS. 3 personnages. ℞. Couronne. s. d. Arg. *TB*.

357 **Nouvel Hôtel des Monnoyes.** Vue de l'Edifice. 1763. ℞. CHASTEAV DE BELLE VEVE. Le château. 1750. Arg. oct. *TB*.

358 **Prison du Temple.** Vue du Monument sur champ fleurdelisé. ℞. Date 1792. (Durant la captivité de la famille royale. Hennin 393. Cu. jaune. *TB*.

359 **Société d'encouragement** pour l'Industrie Nationale. Charles X. Tête à g. 1827. ℞. Légende et variété 1828. Ensemble 2 pièces. Arg. *TB*.

360 **Hospices civils de Paris.** Louis-Philippe. Tête nue à g. ℞. Légende s. d. Arg. *TB*.

361 — Louis-Philippe. Tête laurée à g. ℞. L'Arc de Triomphe 1836. Arg. *TB*.

362 — Légende. I CAPOTE DE SOLDAT. ℟. JAQVEMANT. S. d. Cu. *TB.*

PROVINCES

363 — **Amiens.** — CHAMBRE. DE. COMMERCE. DE. PICARDIE. ÉTABLIE. A... 1752. Armes de la ville. ℟. Un port. Arg. *T. B.*

364 — Colbert. — Son buste à dr. par Depaulis. ℟. CHAMBRE. DE. COMMERCE. 1761. Couronne. Arg. oct. *TB.*

365 — LOUIS. XVIII... Son buste nu à g. par Barre. ℟. CHAMBRE. DE. COMMERCE... 24. DECEMBRE. 1802. Déesse assise à g. devant un port. Cu. oct. *FDC.*

366 — COMPAGNIE. DES. NOTAIRES. D'AMIENS. Ecu royal de France sur manteau. ℟. LEGES. ET MORES. 1816. La Justice assise à dr. par Gatteaux. Cuivre jaune *FDC*, rare en ce métal.

367 — Coq en une couronne. ℟. NOTAIRES. DE. L'ARROND^T^ D'AMIENS. 1831. Table de la Loi et balances. Arg. oct. *TB.*

368 — LOUIS. PHILIPPE. I. Tête laurée de chêne à dr. par Caqué. ℟. SOCIÉTÉ. DE MÉDECINE. D'AMIENS. Arg. oct. *TB.*

369 — Armes d'Amiens par Borrel. ℟. COMPAGNIE. DU. GAZ. FRANÇAIS. D'AMIENS... CH. DUROSELLE & Cie. 1850. Cu. *FDC.*

370 — Enfants jardiniers par Alphée Dubois. ℟. SOCIÉTÉ. D'HORTICULTURE. DE PICARDIE. AMIENS. Armes. Arg. *TB.*

371 — SPORT. NAUTIQUE. D'AMIENS. Trophée nautique. ℟. SOCIÉTÉ. FONDÉE. EN. 1866. Arg. *FDC.*

372 — **Angers.** — DE. LA. FEAUTE. MAIRE. Ses armes. 1680. ℟. Edifice ; RENÉ. LEZINEAU. MAIRE Ses armes. 1681. ℟. Instruments de voirie. Ens. 2 p. Cu. *B.*

373 — RENÉ. ROBERT... MAIRE. Ses armes. ℟. Oiseau et

filet 1729. ; RENE. ROMAIN... MAIRE. Ses armes. ℞. Porte-enseigne Romain. 1747. En. 2 p. Cu. *B*.

374 LVD. STAN. XAVER... Buste du duc d'Anjou à g. ℞. MAIRIE. D'ANGERS. Armes de la ville. Arg. Sans date. *TB*.

375 — CAISSE. D'ÉPARGNE... Rucher. ℞. VILLE. D'ANGERS. Armes de la ville Arg. Sans date. *TB*.

376 — **Ariège.** — SOCIÉTÉ. MÉTALLURGIQUE DE L'ARIÈGE. Déesse assise. 1868. ℞. AUREA. REGIO. Armes. Arg. oct. *TB*.

377 — **Arras.** — Rat à dr. entre 3 lis. ℞. Lettre P gothique. Méreau cuivre inédit. *B*. Très rare.

378 — **Artois.** — Marc de Rye Gouverneur. — M. A. RYE. MAR. VARAMB. GU. ARTH Ses armes. ℞. HINC. SECURITAS. 1591. Un rat. Main céleste, hache et navire dématé à l'écu fleurdelisé. Cu. *B. rare*.

379 — Louis XV. — Buste habillé à dr. par Duvivier. ℞. COMITIA. ARTESIÆ. Armes d'Artois. Arg. s. d. *TB*.

380 — Variété à la tête nue de Louis XVI à dr. par Duvivier. Arg. s. d. *TB*.

381 — **Bapaume.** — LUDOVICUS. XIII... Ecus France Navarre. ℞. BAPPAUME. La foudre sur une ville. Sans date. Cu. j. *B*.

382 — **Bayonne.** — Louis XV. Tête laurée à dr.℞. NUNQUAM POLLUTA. 1738. Armes de la ville. Arg. *TB*.

383 — Même avers. ℞. VIGENT. FIDE. Navire en déchargement. Arg. s. d. *TB*.

384 — Armes de la ville. ℞. CAISSE. D'ÉPARGNE. DE. BAYONNE... 1834. Arg. oct. *TB*.

385 — **Beauvais** Louis XVIII. — Son buste nu à g. par Gayrard. ℞. VILLE. DE. BEAUVAIS. Couronne Leg intérieure CONSEIL. MUNICIPAL. OISE. Arg. oct. *TB*. rare.

386 — Louis XVIII. Tête nue à dr. signée CAUNOIS. ℞ CHAMBRE. DES, NOTAIRES. ARRONDISSEMENT. DE.

BEAUVAIS. Mains jointes, caducée et miroir. Cuivre octogone. *FDC*. Rare en ce métal (voir planche III).

387 — NOTAIRES. DE L'ARR^{T}. DE. BEAUVAIS. La Justice assise à g. ℟. Mains jointes, caducée, miroir. Arg. oct. *FDC*.

388 **Bernay**. La Justice assise à g. ℟. NOTAIRES DE L'ARRONDISS^{t} DE BERNAY. Arg. oct. *TB*.

389 **Besançon**. Philippe IV, roi d'Espagne. Son buste à g. ℟. MAGNO. SVB. REGE. LIBERA. VESONTIO. Vue de la ville. Arg. s. d. *TB*. *Rare*. (Voir planche III).

390 **Béthune**. La Justice assise à g. ℟. CHAMBRE DES NOTAIRES... DE BETHVNE. Arg. oct. *TB*.

391 **Bordeaux**. Louis XV. Tête ou buste à dr. ℟. MVNIFICENTIA VRBIS BVRDIG. Armes de Bordeaux. Ens. 4 variétés. s. d. Arg. *TB*.

392 — Variété s. d. au buste de Louis XVI à dr. par Gatteaux. Arg. *TB*.

393 — Chambre de Commerce. Louis XV. Buste à dr. ℟. IX. VIRI. BVRDIGALENSES COMMERCIIS. 1750. Proue. Arg. *TB*.

394 — Rucher. ℟. SOCIETAS SCIENTIARVM ET ARTIVM. BVRDIGALENSIS. AN. VI. Arg. *TB*.

395 — AGENS DE CHANGE DE BORDEAVX. 1835. Armes de la Ville.. ℟. Edifice. Arg. oct. *TB*.

396 — Navire. ℟. ASSVRANCE MARITIME... COMPAGNIE BORDELAISE... 1843. Gauvin n° 39. Arg. oct. *TB*.

397 — La ville de Bordeaux assise à g. montrant un navire. ℟. VNION BORDELAISE. 1872. COMP^{ie} D'ASSVRANCES MARITIMES. Mains jointes. Gauvin n° 50. Arg. oct. *TB*.

398 — COVRTIERS DE COMMERCE. 1833. Armes de Bordeaux. ℟. Mercure debout devant le port. Arg. oct. *TB*.

399 — Napoléon Ier. Sa tête laurée à dr. par Tiolier. ℟. NOTAIRES. ARROND. DE BORDEAVX. Déesse assise à g Arg oct. s. d. *TB*.

400 — Louis XVIII. Son buste habillé à g. par Tiolier. 1814. ℟. NOTAIRES. ARROND. DE BORDEAVX. Déesse assise à g. Cuivre jaune oct. *FDC*. *Rare en ce métal*.

401 — Conseil de Prud'hommes. Armes de la Ville. ℟. La Justice assise à dr. Arg. s. d. *TB*.

402 **Boulogne-sur-Mer.** MONETA DISTRIBVTI. ECCLIE. Buste de St Martin à g. cantonné de S. M. ℟. MORINE. BOLONIA TRASLATE. Quatre fleurs de lis. Mereau. s. d. Cu. *TB. Rare.*

403 **Etats de Bourgogne.** COMITIA BVRGVNDIÆ. Armes de la Province. ℟. Navire. 1707. Arg. *TB.*

404 — Buste de Louis XV à dr. par Duvivier. ℟. Armes de la Province. 1749. Arg. *TB.*

405 — Variété datée 1770. Arg. *TB.*

406 — Variété au buste de Louis XVI par Duvivier, datée 1782. Arg. *TB.*

407 **Elus de Bourgogne.** Le Gouz. Ses armes 1704. ℟. COMITIA BVRGVNDIAE. Armes de Bourgogne. Cu. *TB.*

408 — Chartraire de Montigny. Ses armes, s. d. ℟. Le précédent. Cu. *TB.*

409 — Lemullier. Ses armes 1710. ℟. Le précédent Cu. *TB.*

410 — Menou de Regny de Druy. Ses armes 1710. ℟. Le précédent. Cu. *TB.*

411 — Claude Vitte. Ses armes 1710. ℟. Le précédent Cu. *B.*

412 **Bourges.** LVDOVICVS XIII... Les Ecus. ℟. Armes de la Ville 1635. Cu. *B.*

413 — MIC. PHELIPEAVX. Archevêque. Son buste à dr. ℟. Ses armes 1680; LEO. DE. GESVRES même type, 1694; et une pièce usée de 1729. Ens. 3 p. Cu.

414 **Bretagne.** ARMORICVM. SVSTINET. ORBEM. 1641. Bacchus assis sur un tonneau. ℟. IMPOSTS. ET. BILLOTS. DE BRETAGNE. Arg. *B. Rare.*

415 **Etats de Bretagne.** JECTONS. DES. ESTAZ DE. BRETAGNE. Armes France Bretagne. ℟. Hermine. Arg. s. d. *TB.*

416 — LVDOVICVS.. MAGNVS. Tête à dr. ℟. Armes France Bretagne. 1715. Arg. TB.

417 — Louis XV. Buste couronné à dr. ℟. Le précédent varié 1722. Arg. *TB.*

418 — Louis XV. Buste. ℟. Le précédent varié 1724. Arg. *TB.*

419 — Louis XV. Buste. ℟. La ville de Rennes présentant au Roi le plan de sa reconstruction 1728. Arg. *TB.*

420 — Même buste. ℞. Le Dauphin sur un lit de parade, 1730. Arg. *TB.*

421 — Louis XV. Buste. ℞. Armes France Bretagne. 1742, 1746, 1748. Ens. 3 p. Arg. *TB.*

422 — Variétés 1752, 1756, 1760. Ens. 3 p. Arg. *TB.*

423 — Variétés 1762, 1764, 1768. Ens. 3 p. Arg. *TB.*

424 — Variétés 1768, 1770, 1772. Ens. 3 p. Arg. *TB.*

425 — Louis XVI. Buste. ℞. Armes France Bretagne. 1776, 1778, 1782. Ens. 3 p. Arg. *TB.*

426 — Variétés 1786, 1788. Ens. 2 p. Arg. *TB.*

427 **Caen.** P. DE ROZEVIGNAN... G. DE. CAEN. Ses armes. ℞. Sanglier 1656. Cu.

428 — NOTAIRES. DE. L'ARRONDISEMENT. DE. CAEN. 1842. Armes. ℞. Table de la Loi et balances. Etain octog. *TB.*

429 — Assurances. Femme assise. ℞. GARANTIE DES. CHEVAVX. ET. BESTIAVX. LA MVTVELLE. DV CALVADOS... 1844 Gauvin 175. Arg. Oct. *TB.*

430 — LA. NEVSTRIE. ASSVR^CE ... CONTRE. L'INCENDIE. ℞.CAEN. CONSEIL. D'ADMINISTRATION. G. 241. Arg. hexagone. *TB.*

431 **Camargue.** L'Agriculture debout par Barre. ℞. SOCIÉTÉ. AGRICOLE. DE. LA. B^SSE. CAMARGVE... 1836. Arg. Oct. *TB.*

432 **Cambrai.** Maximilien de Berghes. Evêque. Ses armes. ℞. NEC. CITO : NEC. TEMERE. 1561. Horloge. Arg. *TB. Rare.* (Voir planche LII).

433 — LVDOVICVS. MAGNVS. REX. Tête de Louis XIV à dr. ℞. LES ETATS. DE. CAMBRAY... Vue de la ville. Arg. s. d. *TB. Rare.*

434 — Louis XV. Son buste à dr. ℞. CIVITAS. CAMERACENSES. Armes de la Ville. Arg. s. d. *TB.*

435 — Variété au buste nu de Louis XVI. Arg. s. d. *TB.*

436 — FÉNELON. Ce nom en une gloire. ℞. SOCIÉTÉ. D'ÉMULATION. Arg. Oct. s. d. *TB.*

437 **Carcassonne.** CHARLES. X. Sa tête nue à dr. par Dubois. ℞. CHAMBRE. DE. COMMERCE. Corne d'abondance et laurier. Arg. Oct. s. d. *TB.*

438 — Même avers. ℞. SOCIÉTÉ. ROYALE. D'AGRICVLTVRE. Cultivateur présentant une gerbe. Arg. Oct. s. d. *TB.*

439 — Variété à la tête laurée de Louis Philippe à dr. Arg. Oct. s.d. *TB.*

440 **Châlons**. Ch. de Neufcheze. Evêque. Ses armes 1643. ℟. SANCTVS. VINCENTVS. Le saint debout. Cu. *B*.

441 — Louis XV. Buste à dr. par Duvivier. ℟. HOTEL. DE. VILLE. DE. CHAALONS. Armes de la Ville. Arg. s.d. *TB*.

442 **Chartres**. Louis XVI. Buste à dr. ℟. SERVANTI CIVEM... Armes de la Ville. Arg. s. d. *TB*.

443 — Louis XVI. Buste nu à dr. ℟. NOTAIRES. ROYAVX. DE. LA. VILLE. DE. CHARTRES. Armes de la Ville. Arg. s. d. *TB*. *Rare*. (Voir planche III).

444 **Chateau-Thierry**. L'VNITÉ 19 OCTOBRE. 1841. Trois personnages. ℟. COMPTOIR. DE. CHATEAV. THIERRY. 1843. Couronne. Arg. Oct. *TB*.

445 — Table de la Loi et balances, par Dubois. ℟. NOTAIRES. DE. L'ARRONDISSEMENT. Arg. Oct. s. d.

446 **Cher**. Armes de Bourges. ℟. SOCIÉTÉ. D'ASSVRANCES. MVTVELLES DV CHER. INCENDIE 1851. Gauvin 203. Arg. Oct. *TB*.

447 **Clermont (Oise)**. Table de la Loi, balances, etc. MDCCC XXIV. ℟. CHAMBRE. DES. NOTAIRES. Arg. Oct. *TB*.

448 **Clermont-Ferrand**. Napoléon Ier. Sa tête laurée à dr. par Tiolier. ℟. NOTAIRES ARROND. DE. CLERMT . FERRAND PVY DE DOME: Main écrivant sur une table. Arg. oct. s. d. *TB*.

449 — Joachim d'Estaing. Evêque. Ses armes. ℟. Pélican. 1619. Louis d'Estaing. Evêque. Ses armes. 1655. ℟. St François d'Estaing debout. Ens. 2 p. Cu. B.

450 — Bochart de Saron. Evêque. Ses armes. ℟. Navire 1694. Massillon, Evêque. Ses armes. ℟. Navire 1719. Ens. 2 p. Cu. *TB*.

451 **Compiègne**. H. F. D'AGVESSEAV. Son buste à g. ℟. NOTAIRES. DE. L'ARRONDT. DE. COMPIÈGNE. Arg. Oct. s. d. *TB*. *Rare*.

452 — Variété en cuivre octogone. *TB*. *Rare*.

453 — Coq debout. ℟. NOTAIRES. DE. L'ARROND . DE. COMPIÈGNE. 1830. Tables de la Loi et balances. Arg. oct. *TB*.

454 **Corbeil**. Louis Philippe. Tête nue à dr. par Peuvrier. ℟. COMPAGNIE. DES. NOTAIRES. Arg. Oct. *TB*.

455 **Cosne**. Gnomon. signé CAQVÉ. F. sur un sol très étroit. ℟. NOTAIRES. DE. L'ARROND... 1835. Arg. Oct. *TB*.

456 — Variété, le sol très large sous le gnomon. Arg. Oct. *TB*.

457 **Cysoing**. Vranx d'Amelin. Abbé. GETS. DE. L'ABBAYE. DE. CYSOING. 1661. Armes. ℟. Armes. Cu B.

458 **Dieppe**. Louis XV. Buste à dr. ℟. AEDIL. DIEPPAE. COMIT. 1762. Armes de la Ville. Arg. 2 variétés. *TB*.

459 — Charles X. Tête nue à dr. ℟. NOTAIRES. DE. L'ARRONDISSEMENT DE DIEPPE. Arg. Oct. s. d. *TB*.

460 — Variété à la tête laurée de Louis Philippe à dr. Arg. Oct. s. d. *TB*.

461 — Louis XVIII. Buste nu à dr. par Andrieu. ℟. CHAMBRE. DE. COMMERCE. DE. DIEPPE. MDCCCIX (sic). Arg. Oct. *TB*.

462 **Départements**. BONAPARTE. PREMIER. CONSVL. Son buste nu à dr. par Barre. ℟. COMITE. DES. NOTAIRES. DES. DEPARTEMENTS. MDCCCXL. Arg. *TB*.

463 **Dijon**. Le Compasseur 1621 ; et Raviot 1772. Maires. Jetons à leurs armes et à celles de la Ville. Ens. 2 p. Cu. *TB*.

464 **Dunkerque**. Armes. ℟. CAISSE. D'ÉPARGNE... 1833. Arg. Oct. *TB*.

465 **Elbeuf**. Louis XV. Buste à dr. par Duvivier. ℟. MANVFACTVRE. D'ELBEVF. Croix double et vigne. Arg. s. d. *TB*.

466 **Evreux**. Louis XVIII. Son buste nu à g. par Gatteaux. ℟. CHAMBRE. DES. NOTAIRES. D'EVREVX. Ecu royal de France. Cuivre. Oct. s. d. *Rare, surtout en ce métal.* (Voir planche III).

467 — Charles X. Tête nue à dr. p. Barre. ℟. SOCIÉTÉ MÉDICALE DV DÉPARTEM. DE L'EVRE... 1806. Etain. *TB*.

468 — Louis Philippe. Tête laurée à dr. p. Caqué. ℟. SOCIÉTÉ LIBRE D'AGRICVLTVRE, SCIENCES... 1832. Arg. Oct. *TB*.

469 **Fécamp**. Caducée. CHAMBRE DE COMMERCE DE FÉCAMP. ℟. Armes d. l. Ville. s. d. Arg. Oct. *TB*.

470 **Fins**. Louis XVI. Buste à g. p. Droz. ℟. COMPAGNIE DES. MINES. DE. FINS. ET. DE. NOYANT. 1785. Cu. *B*.

471 **Flandres**. S. P. DV. CHAMBGE. GH. S. DELIESSART P. PRE. D. B. D. F. DE FLANDRES. Ses armes. ℟. IVSTVM. RECTVMQVE. TVETVR. La Justice. s. d. Arg. *TB*. Refrappe.

472 — Louis **XV**. Buste lauré à dr. p. Duvivier. R. COMITIA. FLANDRIÆ WALLONENSIS. Armes de Flandre. 1769. Arg. Oct. *TB*.

473 — Deux variétés sans date au buste de Louis XVI, par Duvivier. Arg. Oct. *TB*.

474 — **Fontaines**. SOCIÉTÉ ANO^ME DV PONT DE FONTAINES. S/ S. R. Pont. Arg. s. d. *TB*.

455 **Gien**. Louis-Philippe. Tête laurée à dr. par Caqué. R. NOTAIRES. DE. L'ARRONDISSEMENT DE. GIEN. Balances. Arg. oct. s. d. *TB*.

476 **Givors**. LIGERIM. RHODANVS. ARDET. Le Rhône et la Loire. R. CANAL DE GIVORS. 1784. Arg. *TB*.

477 **Guillotière**. ECLAIRAGE PAR LE GAZ... DE LA GVILLOTIÈRE ET DE VAISE. Armes. R. SOCIÉTÉ. ANONYME. Usines. 1846. Arg. Oct. *TB*.

478 **Le Havre**. Louis XVI. Tête p. Gatteaux. R. NAVTÆ SPES. ET. SALVS. Vaisseau naufragé. Ex: COMPAGNIE. D'ASSVRANCE. 1786. Arg. Oct. *TB*. G. 60.

479 — Même avers. R. EX. PRVDENTIA. SECVRITAS. Navire. Exergue: CHAMBRE. D'ASSVRANCE. 1786. G. 61. Arg. Oct. *TB*.

480 — Louis XVI. Buste drapé par Gatteaux. R. ARRIVE ET SOIS HEVREVX. Navire voguant au soleil. COMPAGNIE D'ASSVRANCE. 1789. G 62. Arg. oct. *TB*.

500 — EX PRVDENTIA SECVRITAS. Navire. CHAMBRE D'ASSVRANCE AN ONZE. R. NAVTÆ SPES ET SALVS. Vaisseau naufragé. 1802. G. 63. Arg. oct. *TB*.

501 — COMPAGNIE DES APPARAVX MARITIMES DV HAVRE. R. Navire à l'appareillage. 1847. G. 67. Arg. oct. *TB*.

502 — Louis XVI. Buste drapé par Gatteaux. R. FIT. ETIAM FORTIOR PRVDENT. La civilisation et Hercule. COMP. D'ASSVR. SOLIDAIRE. 1783. G. 67. Arg. oct. *TB*.

503 **Loge de l'Aménité**. Temple. R. AMENITAS LVMINE VICET. Triangle rayonnant. OR∴ DV. HAVRE. Arg. oct. *TB*.

504 — Louis XVIII. Tête à g. par Tiolier. R. CONSEIL MVNICIPAL DV HAVRE DE GRACE. Armes. Arg. oct. s. d. *TB*.

505 **Languedoc**. SAPIENTIA. VICTRIX. FORTVNÆ. Armes de Bonzi, évêque de Béziers. R. COMITIA OCCITANIÆ. Armes de Toulouse. s. d. Cu. *TB*.

506 — Louis XV. Buste signé D. V. Exergue: COM. OCCIT. 1718. R. Buste du Régent signé D. V. Cu. jaune. *TB*.

507 — Louis XV et l'Infante d'Espagne. Bustes affrontés. Exergue : LVDOVICI MAGNI PRONEPOTES. ℟. COMITIA... 1722. Renommée. Cu. *B*.

507 *bis* — Louis XV. Buste en costume de sacre. ℟. JAM. REGNO. MATVRVS. Le Roi à genoux et l'Archevêque de Reims. Exergue : COM. OCCIT. 1723. Cu. *B*.

508 — Louis XV. Buste nu lauré à dr. ℟. Génie couronnant l'écu du Languedoc, tenu par un autre génie. COM. OCCIT. s. d. Arg. *TB*. *Rare*.

509 — Louis XV. ℟. Ecu du Languedoc. COM. OCCIT. 1756. *Arg*. *TB*.

510 — Louis XV. Buste drapé à dr. ℟. DONVM REGI AMORIS PIGNVS ET EXEMPLVM. Navire. COMIT. OCCIT. 1762. Arg. oct. *TB*.

511 — Louis XV. Tête laurée. ℟. Amour tenant l'écu de Languedoc. COM. OCCIT. 1765. Arg. *TB*.

512 — Louis XV. Tête laurée à dr. signée DVVIV. ℟. Ecu de Languedoc. COMITIA. OCCIT. 1771. Arg. *TB*.

513 — Louis XVI. Tête à dr. signée DVVIV. ℟. Armes de Languedoc. COMITIA. OCCIT. 1777. Arg. *TB*.

514 — Variété 1778. Arg. *TB*.

515 — Louis XVI. Buste drapé à g. par Droz. ℟. Armes du Languedoc. COM. OCCIT. 1780. Arg. *TB*.

516 — Variété 1782. Arg. *TB*.

517 — Louis XVI. Tête à dr. par Gatteaux. ℟. Armes du Languedoc. COM. OCCIT. 1787. Arg. *TB*.

518 — Variété 1789. Arg. *TB*.

519 **Laon**. Louis XVIII. Tête à dr. par Brenet. ℟. REGVNT. QVODCVMQVE NOTAMVS. Tables de la loi. EX. NOTAIRES DE L'ARROND. DE LAON. AISNE. MDCCCXVI. Cu. jaune oct. *TB*. *Rare en ce métal*. (Voir planche IV).

520 — Variété. MDCCCXXXI. A la tête nue de Louis-Philippe à dr. par Galle. Arg. *TB*.

521 **Lille**. Louis XV. Tête à dr. ℟. Navire et boussole. CHAMBRE DE COMMERCE DE LA VILLE DE LISLE. s. d. Arg. *TB*.

522 — St Etienne à genoux. ℟. 3. 1637. Méreau. Cu. *B*.

523 — La Monnaie aux genoux du Roi. ℟.. Ex. : MONNOYE DE LILLE. Ruche dans un jardin. Arg. s. d. *TB*. Refrappe.

524 — Chambre de commerce. La ville de Lille debout, par Borrel. ℟. Armes de la ville. ORDONNANCE... et variété à la ville assise devant un génie, par Borrel. 2 pièces. Arg. *TB*.

525 **Lisieux.** COMPAGNIE DES NOTAIRES DE L'ARRONDISSEMENT DE LISIEVX. Armes de la ville. ℟. FIDVCIA JVDICES. La Justice assise. EX.: THENARD. 47. PALAIS ROYAL. Cu. oct. *TB*. *Rare*.

526 — Même pièce. Arg. oct. *TB*.

527 **Chemin de Fer de la Loire.** CONSEIL D'ADMINIST. CHEMIN DE FER DE LA LOIRE... D'ANDREZIEVX A ROANNE. 1841. ℟. Déesse couchée et locomotive. PRO AQVA IGNIS. Moyaux 117. Arg. *TB*.

528 — Société d'agriculture de la Loire. Gerbe et cornes d'abondance. ℟. Cérès debout. 1828. Arg. oct. *TB*.

529 **Lorraine.** ELIS. CAR. AVRELIAN. Buste de la Duchesse à dr. ℟. La Duchesse et ses enfants. NANC VRB. OPT. 1715. Cu. *TB*.

530 — Charles-Alexandre de Lorraine. Buste cuirassé. ℟. QVOD. BELGII. PRÆFECTVR. etc... 1769. Cu. *TB*.

531 **Lyon.** DE LA TROISIEME PREVOSTE DES MARCHANDS DE M. LOVIS RAVAT. 1713. Ses armes. ℟. Armes de Lyon. Arg. *TB*.

532 — NOBLE MATHIEV RAST. ECHEVIN DE LYON. Ses armes. 1776. ℟. Armes de Lyon. Le Rhône et la Saône assis. Arg. *TB*.

533 — Duc de Villeroy. Ses armes sur manteau. ℟. Armes de Lyon. Arg. anépigraphe. *TB*. *Rare*.

534 — Louis XV. Tête laurée à dr. ℟. DEPVLSA. MOLE RESSVRGET. Mercure relevant une déesse. OB. ASSERTAM LVGD. AVR. ET ARG. COMM. LIBERT. 1760. Arg. *TB*.

535 — Armes de Lyon. ℟. VIRIS CONSVLARIBVS. Couronne. MDCCLVI. Arg. *TB*.

536 — Armes de Lyon. ℟. ÆTERNVM. DIGNA COLI. Exergue: FABRIQVE DES ETOFFES DE SOYE OR ET ARGENT. 1745. Minerve et petits génies travaillant. Arg. *TB*.

537 — Typographes de Lyon. Leurs armes. ℟. Ouvrier devant une presse. EX: BIBLIOPOLÆ ET TYPOGRAPHI. LVGDVN. s. d. Arg. *TB*.

538 — ACADEMIE SAGITTAR. LVGDVN. Arcs et flèche. ℟. Génie

dans les airs. DEXTERITATI DEBITA MERCES. s. d. Arg. *TB. Rare.* (Voir planche IV).

539 — MES. LES CONS. DV ROY. NOTAIRES. Ecu de France. ℟. LEX. EST QVODCVMQ. NOTAMVS. 1715. Le gnomon. Arg. *TB.*

540 — Variété aux armes royales. MDCCCV. Arg. *TB.*

541 — Armes de Lyon. LA CHAMBRE DV COMMERCE. ℟. Le Rhône et la Saône. X. VIRI LVGDVNENSES COMMERCIIS REGVNDIS. s. d. Arg. *TB.*

542 — Même avers. ℟. DVM. CIRCVIT ORNAT. Soleil rayonnant et globe. s. d. Arg. *TB.*

543 — ATHENÆVM. LVGDVNENSE. RESTITVTVM. Autel antique de Lyon. MDCC. ℟. ACAD. LVGDVM... et variété à la tête laurée d'Apollon par Barre. Ens. 2 p. Arg. *TB.*

544 — SOCIÉTÉ D'AGRICVLTVRE D'HISTOIRE NAT... DE LYON. ℟. Soleil rayonnant en une couronne d'épis. s. d. = 1800 Trésor LXXVIII, 10. Arg. oct. *TB. Rare.*

545 — CONSEIL. MVNICIPAL. Armes royales de Lyon. ℟. ASSIDVIS HONOS. Caducée et couronne. s. d. Arg. oct. (des fleurs de lis à chaque angle). *TB. Rare.*

546 — CONSEIL DES PRVD'HOMMES. Œil et mains jointes. ℟. Armes de Lyon. Arg. oct. *TB.*

547 — CONSEIL GENERAL D'ADMINISTRATION DES HOPITAVX CIVILS. Leurs armes. ℟. CHILDEBERT ET VLTROGOTHE FONDATEVRS. Leurs bustes accolés. Ens. 2 variétés. Arg. 1845 et s. d. *TB.*

548 — TRIBVNAL DE COMMERCE. Armes de Lyon. MDCCCXLVII ℟. La Justice assise. Arg. *TB.*

549 — AGENTS GENERAVX D'ASSVRANCE. Légende. ℟. Lion debout à g. MDCCCLXIX. Arg. oct. *TB. Rare.*

550 **Mantes.** Louis XVIII. Buste nu à g. par Barre. ℟. CHAMBRE DES NOTAIRES DE MANTES. Cu. oct. s. d. *TB. Rare en ce métal.*

551 **Marseille.** Louis XV. Tête laurée à dr. par Gatteaux. ℟. AVCTA LIBYCIS OPIBVS MASSILIA. Navire et l'Afrique assise. 1774. Arg. oct. *TB.*

552 **Meaux.** NOTAIRES DE L'ARR[t]. DE MEAVX. Louis XVIII. Buste à dr. ℟. LEX. EST. Gnomon. 1813. Arg. *TB. Rare.* (Voir planche IV).

553 — Louis-Philippe. Tête nue à g. ℟. Gnomon. Ex.: NOTAIRES DE L'ARR. DE MEAVX. s. d. Arg. oct. *TB.*

554 **Melun.** Louis XVIII. Tête nue à g. par Barre. ℟. ARRONDISSEMENT DE MELVN. CHAMBRE DES NOTAIRES. s. d. Cu. oct. *TB. Rare en ce métal.*

555 **Milan** R.:. L.:. IMPERIALE CAROLINA. O.:. DE MILANO. ℟. Soleil rayonnant. Cu. doré. s. d. *TB. Rare.*

556 **Montauban.** SOCIETE POVR L'ECLAIRAGE PAR LE GAZ. Couronne murale. 1845. ℟. Génie éclairant. FIAT. IVX. Arg. oct. *TB.*

557 **Montmorency.** SOCIETE DE SECOVRS MVTVELS DES HORTICVLTEVRS. 1868. ℟. Coupe sur un piédestal. Arg. *TB.*

558 **Moulins.** BARDONNET. MAIRE. Ses armes. ℟. PATRIÆ. MVNVS. Armes de la ville. s. d. Arg. *TB.*

559 **Nancy.** LEOP. P R. LEOP I ET ÉLIS CAR AVREL F. Son buste à dr. ℟. SI FORTE ASSEQVAR. Vol d'aigles vers le soleil. Exergue: NANC. PRIM. INGR. VRB. OBT. 1714. Arg. *TB. Rare en ce métal.* (Voir planche IV).

560 **Nantes.** DE LA MAIRERIE DE M. FRANCOIS LORIDO. Armes de Nantes. ℟. Ses armes. 1667. Cu. *TB.*

561 — DV BROVSSAY CASSARD. Mêmes types. 1689. Cu. *B.*

562 — DV MESNARD. PAVILLON. Mêmes types. 1682. Cu. *B.*

563 — DE LA HAYE. MORICAVD. Mêmes types. 1739. Arg. *TB*

564 — BELLABRE. Mêmes types. 1752. Arg. *TB.*

565 — GELLÉE DE PREMION. Mêmes types. 1776 et 1781, ens. 2 variétés. Arg. *TB.*

566 — Armes de Nantes. ℟. TRIBVNAL DE COMMERCE. 1859. Arg. *TB.*

567 — Armes de Nantes. ℟. CAISSE D'EPARGNE. 1821. Arg. *TB.*

568 **Nevers.** Louis de Gonzague et Henriette de Clèves. Leurs armes. ℟. Autel. 1722. Arg. *TB.*

569 **Nogent-sur-Seine.** NOTAIRES DE L'ARRONDISSEMENT etc... ℟. LEGES MORES. Balances. s. d. Arg. oct. *TB.*

570 **Nuits.** SAPEVRS POMPIERS A BAVARD. etc... 1856. ℟. VILLE DE NVITS (COTE-D'OR). Arg. oct. et bélière. *TB.*

571 **Ourscamp.** SOCIETE D'OVRSCAMP. Légende. 1865. ℟. Ours devant un camp. Arg. oct. *TB.*

572 **Orléans.** DE LA MAIRIE DE M. HVDAVLT. Ses armes. 1742. ℟. ME VINDICE LILIA FLORENT. Jeanne d'Arc assise. Arg. *TB.*

573 — Louis XVI. Buste à dr. ℟. FIDELITE A LA PATRIE A LA

LOI ET AV ROI. Attributs. PACTE FEDERATIF. 1790. Cu. *TB.*

574 — Louis XVIII. Tête à dr. par Caque. ℟. LEX EST VBI. NOTAMVS. Le Silence debout. NOTAIRES. s. d. Arg. oct. *TB. Rare.*

575 — Napoléon III. Tête nue à g. ℟. CAISSE D'EPARGNES D'ORLEANS. Déesse debout près d'un coffre. 1832. Arg. oct. *TB.*

576 — Variété à la tête de la République à dr. par Pingret. Arg. oct. *TB.*

577 — Comptoir d'escompte d'Orléans. Ancre. 1854. ℟. SOCIÉTÉ RICHAVLT. ET COMP[ie]. Ruche devant un coffre. Arg. oct. *TB.*

578 — CHEMIN DE FER DE PARIS A ORLEANS. 1838. Lég. ℟. Déesse devant des locomotives. Arg. oct. *TB.*

579 **Orne.** SOCIETE D'HORTICVLTVRE DE L'ORNE. Légende. ℟. Corbeille. Arg. oct. s. d. *TB.*

580 **Pau.** LVDOVICVS XIII. Ecus de France et de Navarre. Dessous une vache. ℟. VIS ET MENS DVOBVS. 1614. Branche de lis et palme en croix. Cu. *B.*

581 **Péronne.** VRBS. NESCIA. VINCI. 1656. La ville assise. ℟. PERDAMNA... Arbre. Arg. *TB.* Refrappe.

582 **Picardie.** Buste de Minerve. ℟. 'SOCIÉTÉ DES ANTIQVAIRES... MDCCCXXXVI. Arg. *TB.*

583 — Reims. LVD CARD. A. GVYSIA. ARCH. DVX REMENSIS. Ses armes. ℟. HÆC ARA. TVEBITVR. OMNES. Ste Ampoule sur un autel. 1579. Cu. *TB.*

584 — Louis XIIII. Buste à dr. ℟. Ste Ampoule sur Reims 1654. Arg. *TB.* Refrappe.

585 **Rennes.** CONSEIL DES PRVD'HOMMES. Armes de Rennes. ℟. Caducée et balances. 1862. Arg. *TB.*

586 — CONSEIL D'ADMINISTRATION DE LA CAISSE D'EPARGNE. ℟. Armes de Rennes. s. d. Arg. *TB.*

587 **Riom.** M. DE COMBES[R]. L[T]. GENERAL PREVOST DE LA MONNOYE. Ses armes. ℟. DVCALIS AVERNORVM. CIVITAS. 1693.. Armes. Cu. *TB.*

588 **La Rochelle.** DE VILLEMONTÉE... INT. DE LA JVSTICE... Ses armes. ℟. Navire 1633. Cu. *B.*

589 — NIL. NISI. CONSILIO. Ecu de France. ℟. ESTO. DOMI. Escargot percé d'une flèche devant le port de la Rochelle. 1628. Arg. *TB.*

590 — Louis XVI. Buste à dr. ℞. Navire. Ex : CHAMBRE DE COMMERCE DE LA ROCHELLE. 1774. Ens. 4 variétés arg. *TB.*

591 — CONSEIL MVNICIPAL. ℞. L'Hôtel de Ville. s. d. Arg. *TB.*

592 — CANAL DE ROANNE. ℞. Armes de Roanne et Genève. s. d. arg. *TB.*

593 **Rouen.** CIVITAS. ROTHOMAGENSIS. 1602. Armes. ℞. MENTIS. GRATISSIMVS. ERROR. Fou et Évêque. Cu. j. *B. rare*

594 — Louis XV. Buste à dr. ℞. CIVITAS POPVLVS QVE ROTHOMAGENSIS. Armes de la Ville s. d. Arg. 2 variétés. *TB.*

595 — Variété à la tête de Charles X à g. p. Barre. MDCCCXXX. Arg. Oct. TB.

596 — Louis XV. Buste à dr. p. Duv. ℞. Caducée et Ancre. CHAMB. DES ASSVR. DE ROUEN. 1742. Arg. *TB.*

597 — SOCIÉTÉ. D'ASSVRANCES. MVTVELLES. CONTRE L'INCENDIE POVR TOVTE LA FRANCE. ℞. Femme assise. Ex : LA ROVENNAISE. s. d. Arg. *TB.* G. 259.

598 — Louis XV. Sa tête. ℞. FORENSIB. ORATORIB IN SENAT NORMANN. OB. INSTITVT FORENS. ACADEM. de l. champ. ROTHOM. MDCCXXVI. 3 variétés. Arg. *TB.*

599 — Variété à la tête de Louis XVI. Arg. *TB.*

600 — Louis XIV. Tête à dr. ℞. FIRMATA CONSILIO COMMERCIA. Mercure assis. Exergue : CHAMBRE DE COMMERCE. 1712. Arg. *TB.*

601 — 2 variétés à la tête de Louis XV. 1719 et 1721. Arg. *TB.*

602 — CHAMBRE. DE. COMMERCE. DE. NORMANDIE. MDCCIII. ℞. Mercure au dessus du Port. par Lecomte. Arg. Oct. *TB.*

603 — Louis XV. Buste cuirassé avec longue natte à dr. par Duvivier. ℞. CONVENTVS CLERI ROTHOMAG. Arg. s. d. *TB.*

604 — Variété. s. d. au buste habillé de Louis XV, par le même. Arg. TB.

605 — Louis XV. Son buste. ℞. MONNOYEVRS. DE. ROVEN. Leurs armes. 4 variétés. Arg. *TB.*

606 — Louis XV. Son buste lauré à dr. La Paix et la Justice. Ex : LA RÉUNION DES M[DS] DE ROVEN EN 1706. 1719. 2 variétés. Arg. *TB.*

607 — Napoléon 1er Tête laurée à dr. ℟. LEX. EST. QVODCVMQVE. La Justice assise. Ex : NOTAIRES DE. L'ARRt. DE ROVEN. MDCCCXI. Cuivre. *TB*.

608 — ARDENTE. AMITIÉ O∴ DE ROVEN. Cœur sur un autel. ℟. LA MORT MÊME NE L'EN A PAS SÉPARÉ. Lierre sur un arbre mort. Arg. oct. *TB*.

609 — L∴ DE LA SINCÈRE AMITIÉ. 5822. Attributs maçonniques. ℟. COEVNT. IM. FOEDERA DEXTRÆ. Mains jointes. Arg. Oct. *TB*.

610 — LOGE DES ARTS RÉVNIS : O∴ DE ROVEN. 5808. Attributs. ℟. ANIMVM HIC. DOMARE. Temple et Minerve. Arg. *TB*.

611 — PARFAITE. ÉGALITÉ... Compas étoilé. ℟. S∴ CHAP∴ DE. LA. P∴ ÉGALITÉ. Pélican s. une croix. Arg. s. d. *TB*

612 — Variété. ℟. Deux squelettes. Arg. s. d. *TB*.

613 — P. CORNEILLE FONTENELLE. N. POVSSIN. Leurs bustes accolés à dr. par Depaulis. ℟. TRIA LIMINA PANDIT. L'Académie de Rouen. 1744. Arg. *TB*.

614 — Ballots devant le port de Rouen. MDCCCLIV. ℟. COMPTOIR. D'ESCOMPTE. ROVEN. Arg. Oct. *TB*.

615 — SOCIÉTÉ. LIBRE. DV COMMERCE. ℟. CONJVNCTI VICENT. Rucher. Arg. oct. *TB*.

616 — TRIBVNAL DE COMMERCE. DE ROVEN. ℟. Justice assise. MDCCCXXXII. Arg. Oct. *TB*.

617 — MAISON DE BANQVE FONDÉE. A. ROVEN. ℟. VNION. COMMERCIALE A. TAVERNIER. ET COMP. 1849. Déesse debout. Arg. Oct. *TB*.

618 **Saint-Dizier.** Armes de la ville. ℟. SOCIÉTÉ DES LETTRES DES SCIENCES... 1880. Arg. *TB*.

619 **Saint-Etienne.** NOTAIRES DE. L'ARRONDISSEMENT. Armes de la ville. ℟. LEX. EST... Gnomon. MDCCCXIII. Arg. *TB*.

620 **Saint-Germain.** CVRAT PAVPERES. Soleil rayonnant. ℟. JETON DE St GERMAIN. 1787. Equerre et Compas. Arg. *TB*.

621 **Saint-Gobain.** ℟. Déesse devant un miroir. Ex : MANVFACTVRE. ROYALE DES GLACES. DE St GOBAIN. ℟. ETABLIE EN... RECONSTITVÉE. 1830. Arg. Oct. *TB*.

622 — **Saint-Omer.** DE LATON SVI NOVMÉ. Agneau pascal. ℟. DE St OMER. Croix fleuronnée. Méreau. Cu. *B. Rare.*

623 — De Valbelle, Evêque. Ses armes. ℞. La Fortune debout 1723. *TB*.

624 **Saint-Quentin.** LOGE DE S JEAN... Soleil sur un temple. 1744. ℞. VRGET. PROLIS. AMOR. Pélican. Arg. *TB*. (Voir planche IV).

625—CHAMBRE DES NOTAIRES... ℞. LEX EST... Code ouvert. s. d. Arg. Oct. TB.

626 **Sceaux.** Napoléon III. Tête nue à g. ℞. CONFÉRENCES MVNICIPALES. 1833. SCEAVX. et Variété à la tête laurée. Ens. 2 pièces Arg. Oct. *TB*.

627 — SOCIÉTÉ DV JARDIN. ET DES. EAVX. DE. SCEAVX. ℞. Porte du Jardin 1843. Ar. Oct. *TB*.

628 **Seine-et-Marne.** A M. dans une couronne. ℞. ASSVRANCE MVTVELLE CONTRE L'INCENDIE. SEINE ET MARNE. 1847. G. 268. Arg. Oct. *TB*.

629 — République Tête à g. par Barre. ℞. CONSEIL DÉPARTEMENTAL. DE L'INSTRVCTION PVBLIQVE. SEINE ET MARNE. Arg. Oct. s. d. *TB*.

630 **Seine-Inférieure.** Têtes de Pomone et Cérès. ℞. SOCIÉTÉ D'AGRICVLTVRE DE LA SEINE-INFÉRIEVRE. 1819. Arg. *TB*.

631 — ANCIENNE ASSVRANCE MVTVELLE CONTRE L'INCENDIE. SEINE INFÉRIEVRE. ET EVRE. ℞. ECINERE SVO REDIVIVVS. 1843. Phénix. G. 264. Arg. oct. *TB*.

632 **Senlis.** Louis XVIII. Buste nu à dr. par Andrieu. ℞. LEX EST... CHAMBRE DES NOTAIRES DE L'ARRONDISSEMENT DE SENLIS (OISE). s. d. Arg. Oct. *TB*.

633 — Variété à la tête de Charles X à g. par Caqué. Arg. Oct. s. d. *TB*.

634 — Variété à la tête de Louis Philippe laurée à dr. Etain bronzé s. d. *B*.

635 **Sens.** Louis XVI. Tête à g. par Trébuchet. ℞. La Justice à dr. les yeux bandés. Ex : JVGE ET CONSVLS DE SENS. 1766. Arg. *TB*.

636 — SOCIÉTÉ ARCHEOLOGIQVE DE SENS. ℞. Armes de Sens. s. d. Arg. Oct. *TB*

637 **Soissons.** LOYSE DE LORRAINE ABBESSE DE SOISSONS. Ses armes. ℞. LVMEN. RECTIS. Phare. 1598. Cu. *B*.

638 — Louis XVI. Buste habillé à dr. ℞. NOTAIRES ROYAVX DE LA VILLE DE SOISSONS. Armes de la ville. s. d. Arg. TB. Rare. (Voir planche IV).

639 — Louis XVIII. Buste nu à dr. par Tiolier. Ex: NOTAIRES DE L'ARROND. DE. SOISSONS. ℟. LEX EST... Gnomon. 1807. Arg. *TB. Rare.* (Voir planche IV).

640 **Somme.** SOCIÉTÉ. D'HORTICVLTVRE SOMME. ℟. Fruits. Arg. Oct. s. d. *TB.*

641 **Sorèze.** PRIX. DE L'ÉCOLE DE SORÈZE. ℟. PREMIÈRE LEÇON QVE DONNE LA LIBERTÉ. La République enseignant. Ex: ESPOIR. DE. LA. PATRIE. s. d. = 1796. Hennin 758. Cuivre. *TB. Rare.*

642 — Même avers. ℟. SCIENTIIS. ARTIBVS ARMIS. Minerve assise. MDCCCXVI. Cu. j. *TB.*

643 **Toulouse.** Louis XIII. Son buste à g. ℟. OB. CVRAM. PONTIS TOLOSANI. Armes de France et de Navarre. s. d. Cu. *B.*

644 — Toulouse. ODD. CARDINA. DE. CASTELLIONE. ARCHIEPS THOLO. Armes d'Odet de Coligny-Châtillon. ℟. Légende grecque: ΟΥΤΩ ΦΙΛΕΥΕ. Aigle protégeant son aiglon. Cu. s. d.

.645 — CHARLES DE MONTCHAL ARCHEVESQ DE THOLOZE. 1630. Ses armes. ℟. Me I. P. DE MONTCHAL. CH[r] CON. DESTAT. ET. M[r]. DES REQVESTES. Ses armes. Cu. *B.*

646 — BANQVE DE TOVLOVSE. ORDONN[ce]... 1838. ℟. Mercure assis. Arg. oct. *TB.*

647 — CAISSE D'ÉPARGNE DE TOVLOVSE. ORD[ce]... 1830. ℟. J'AI TRAVAILLÉ JE RECVEILLE. Moissonneur. Arg. Oct. *TB.*

648 — **Tours.** — JAYME. VNE. BEAVTÉ DONT. LES. CHARMES. Armes. ℟. FONT DE GRANDS EFFORTS EN MON AME. Armes de Tours, s. d. Cu B. (voir planche IV).

649 PACTA SVBSCRIBENTIBVS. LEGES SVNT. Mains jointes et balances. Ex. : NOTAIRES DE LA VILLE DE TOVRS. ℟. Ecu de France s. manteau. Cuivre oct. s. d. *TB.* Rare en cuivre.

650 — **Troyes.** — Louis XV. Tête à dr. ℟. ARMIS. QVÆRENDVS HONOS. Armes de Troyes. Ex. : ARQVEBVSE DE TROYES. Arg. s. d. *TB.*

651 NOTAIRES DE L'ARRONDISSEMENT DE TROYES. Ecu royal de France s. manteau. ℟. IN SCRIPTIS LEX IN ACTIS FIDES. Balances. 1807. Arg. *TB.*

652 **Valenciennes.** EX. CONCORDIA ET CANDORE. FELICITAS VRBIS. Armes de la ville. 1748. ℞. LABORIS ASSIDVI. PRÆMIVM. Le corps de ville assemblé. Ex. : CONSILIVM. VALENCENENSE. 1726. Arg. *TB.* (voir planche IV).

653 — Louis XV. Tête laurée. ℞. CONSILIVM. VALENCENENSE. Armes de la ville. 1758. Arg. *TB.*

654 — 2 variétés au buste de Louis XVI. 1782 et 1785. Arg. *TB.*

655 — CAISSE D'ÉPARGNE DE VALENCIENNES. ORDONce... 1835. ℞. Ruche. Arg. oct. *TB.*

656 — CHAMBRE DE COMMERCE DE VALENCIENNES. ORDONN... 1836. ℞. Mercure assis. Arg. oct. *TB.*

657 CONSEIL MVNICIPAL DE VALENCIENNES. ℞. Armes de la ville. MDCCCLIV. Arg. oct. *TB.*

658 **Versailles.** — SOCIÉTÉ D'ASSVRANCE MVTVELLE CONTRE LA GRÊLE. 1834. ℞. LA VERSAILLAISE. Gerbe. Arg. oct. *TB.* Rare (voir planche IV).

659 — CHAMBRE DES HVISSIERS. ℞. ARRONDISSEMENT DE VERSAILLES. Œil et rayons par Coquardon. S. d. Arg. *TB.*

660 — MAISON PHILANTROPIQVE DE VERSAILLES. 1786. ℞. DONEC E CŒLO DESCENDAT. Main arrosant un jardin. S. d. Arg. *TB.*

661 — Louis XVIII. Buste habillé à g. par Gayrard. ℞. JVSTITIÆ SOLE PACTA COMPONVNT. Soleil, balances et main de Justice. Ex. : CHAMBRE DES NOTAIRES. ARR. DE. VERSAILLES. S. d. Cu. jaune. *TB.* Rare en ce métal (voir planche IV).

662 — Louis XVIII. Buste nu à g. par Barre. ℞. PACTA SVBSCRIBENTIBVS LEGES SVNT. Mains jointes, balances. Ex. : CHAMBRE DES NOTAIRES DE L'ARRONDISS. DE VERSAILLES... S. d. Cu. r. *TB.* Rare en ce métal (voir planche IV).

663 — Louis Philippe. Buste nu de face par Michaut. ℞. CHAMBRE DES NOTAIRES... S. d. Arg. oct. *TB.*

663 *bis* — SOCIÉTÉ ROYALE D'AGRICVLTVRE. en 7 lig... ℞. Gerbe de blé. Ex. : VERSAILLES. Arg. oct. *TB*.

664 — **Vervins.** — CHAMBRE DES NOTAIRES... ℞. LEX. EST... Table de la Loi Œil rayonnant et table. 1836. Arg. oct. *TB*.

665 — Tête de République à g. par Barre. ℞. CHAMBRE DES NOTAIRES Table de la Loi, œil, etc. S. d. Arg. oct. *TB*.

666 **Vienne.** — LES NOTAIRES DE L'ARRONDISSEMENT DE... Pyramide. ℞. LEX. EST... Code ouvert et balances. 1837. Arg. oct. *TB*.

667 — **Villefranche.** — NOTAIRES DE L'ARROND^T... Armes de la ville. ℞. LEX EST... Justice assise à g. Arg. oct. *TB*.

668 — Variété poinçonnée sur la tranche. Cuivre argent *(sic)*. Arg. oct. *TB*.

669 — **Strasbourg.** — NAPOLÉON MARIE LOVISE. ℞. La Cathédrale. Ex. : STRASBOVRG. 22 MARS 1810. Arg. *TB*.

670 — **Divers.** — M. I. BRVTVS. Tête à dr. ℞. L'assassinat de J. César. Arg. *TB*.

671 — VENTES DES COLLECTIONS DEWISMES... 1875. ℞. Armes. Arg. *TB*.

672 — MON RÈGNE EST CELUI DES LOIS. La Justice debout. ℞. J'AI TRAVAILLÉ JE RECVEILLE. Moissonneurs. S. d. Arg. oct. *TB*.

673 — L'ART DIRIGE LA NATVRE. Jardinier. ℞. DISCIPLE DE CERÈS JE RÉPANDS SES BIENFAITS. Char traîné par des serpents. Arg, oct. s. d. *TB*.

674 — COMMERCE INDUSTRIE. Mercure assis. ℞. CERCLE FONDÉ. 1830. Arg. oct. *TB*.

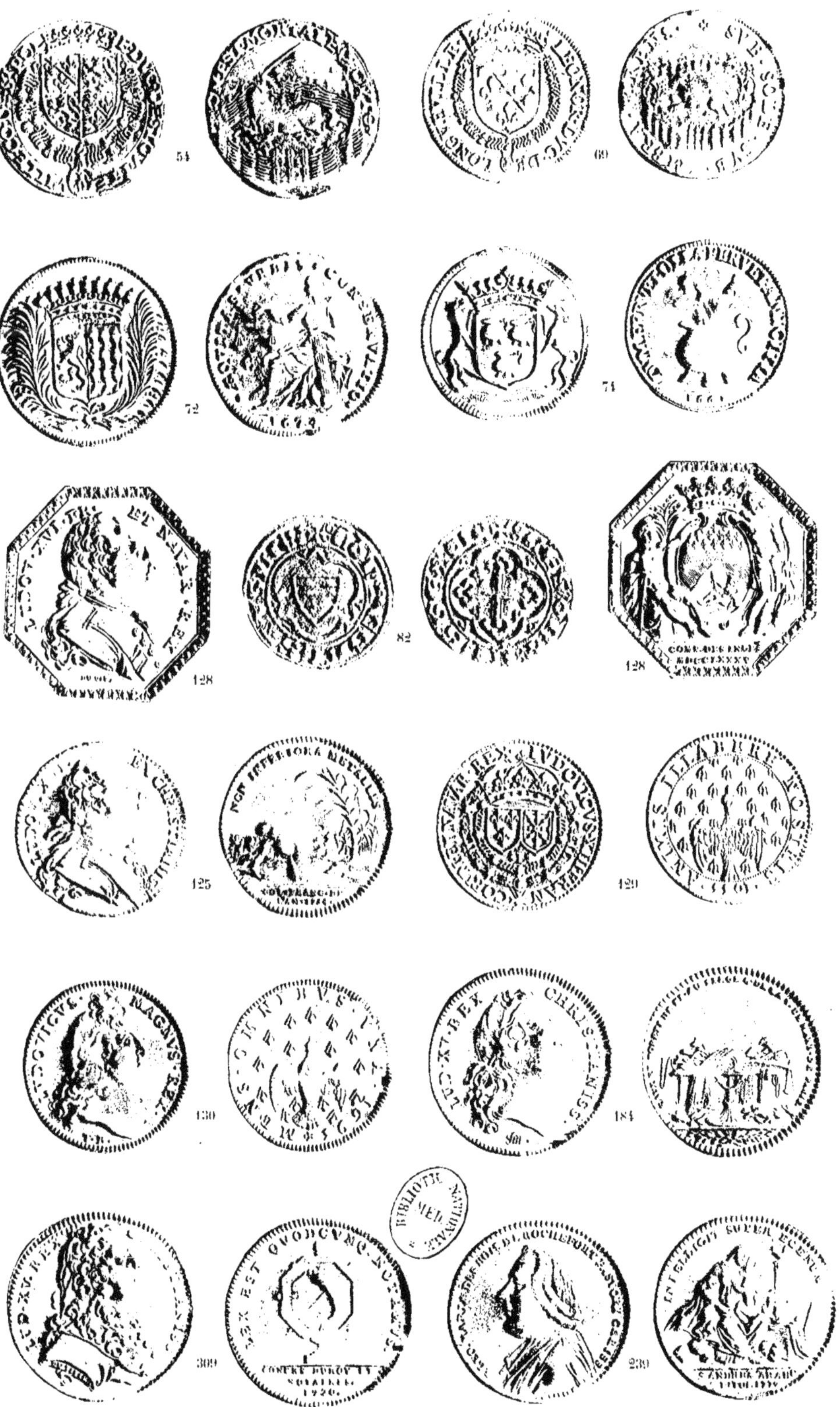

Cl. PLATT, expert, 21, quai Malaquais, Paris.

Héliotypie A. Bourdier, Versailles.

Cl. PLATT, expert, 21, quai Malaquais, Paris. Héliotypie A. Bourdier, Versailles.

Cl. PLATT, expert, 21, quai Malaquais, Paris.

Héliotypie A. Bourdier, Versailles.

IMPRIMERIE G. FORESTIÉ
RUE DE LA RÉPUBLIQUE, 23
— — MONTAUBAN — —

www.ingramcontent.com/pod-product-compliance
Ingram Content Group UK Ltd.
Pitfield, Milton Keynes, MK11 3LW, UK
UKHW021017180726
13838UKWH00004B/1571

9 782329 285320